# Grava-me como selo sobre teu coração

## Teologia Bíblica Feminista

# COLEÇÃO BÍBLIA EM COMUNIDADE

**PRIMEIRA SÉRIE**
**VISÃO GLOBAL DA BÍBLIA**
1. Bíblia, comunicação entre Deus e o povo – Informações gerais
2. Terras bíblicas: encontro de Deus com a humanidade – Terra do povo da Bíblia
3. O povo da Bíblia narra suas origens – Formação do povo
4. As famílias se organizam em busca da sobrevivência – Período tribal
5. O alto preço da prosperidade – Monarquia unida em Israel
6. Em busca de vida, o povo muda a história – Reino de Israel
7. Entre a fé e a fraqueza – Reino de Judá
8. Deus também estava lá – Exílio na Babilônia
9. A comunidade renasce ao redor da Palavra – Período persa
10. Fé bíblica: uma chama brilha no vendaval – Período greco-helenista
11. Sabedoria na resistência – Período romano
12. O eterno entra na história – A terra de Israel no tempo de Jesus
13. A fé nasce e é vivida em comunidade – Comunidades cristãs de Israel
14. Em Jesus, Deus comunica-se com o povo – Comunidades cristãs na diáspora
15. Caminhamos na história de Deus – Comunidades cristãs e sua organização

**SEGUNDA SÉRIE**
**TEOLOGIAS BÍBLICAS**
1. Deus ouve o clamor do povo (Teologia do êxodo)
2. Vós sereis o meu povo e eu serei o vosso Deus (Teologia da aliança)
3. Iniciativa de Deus e co-responsabilidade humana (Teologia da graça)
4. O senhor está neste lugar e eu não sabia (Teologia da presença)
5. Teologia dos profetas
6. Teologia sacerdotal
7. Teologia sapiencial
8. Grava-me como selo sobre teu coração (Teologia bíblica feminista)
9. Teologia rabínica
10. Paulo, apóstolo de Jesus Cristo pela vontade de Deus (Teologia paulina)
11. Teologia de Marcos e Mateus
12. Lucas e Atos: uma teologia da história (Teologia lucana)
13. Teologia joanina
14. Teologia apocalíptica
15. Teologia espiritual
16. As origens apócrifas do cristianismo (Teologia apócrifa)

**TERCEIRA SÉRIE** (em preparação)
**PALAVRA: FORMA E SENTIDO – GÊNEROS LITERÁRIOS**
1. Introdução aos gêneros literários
2. Gênero narrativo
3. Gênero historiográfico
4. Gênero normativo/legislativo
5. Gênero profético
6. Gênero sapiencial
7. Gênero poético
8. Gênero apocalíptico
9. Gênero evangelho/epístola – ST

**QUARTA SÉRIE** (em preparação)
**RECURSOS PEDAGÓGICOS ORIENTADOS PARA:**
• Visão global da Bíblia – 1
• Teologias bíblicas – 2
• Métodos de estudo da Bíblia – 3
• Análise de textos – 4
• Modelo de ajuda – 5
• Atender fisicamente – 5.1
• Observar – 5.2
• Escutar – 5.3
• Responder dialogando – 5.4
• Personalizar – 5.5

Ivoni Richter Reimer

# Grava-me como selo sobre teu coração
## Teologia Bíblica Feminista

*Teologias bíblicas 8*

**Dados Internacionais de Catalogação na Publicação (CIP)**
**(Câmara Brasileira do Livro, SP, Brasil)**

Reimer, Ivoni Richter
    Grava-me como selo sobre teu coração : teologia bíblica feminista
/ Ivoni Richter Reimer – São Paulo : Paulinas, 2005. – (Coleção Bíblia
em comunidade. Série teologias bíblicas ; 8)

    Bibliografia.
    ISBN 85-356-1582-2

    1. Bíblia – Teologia 2. Mulheres na Bíblia 3. Teologia feminista
I. Título. II. Série.

05-4417                                                          CDD-220.83054

**Índice para catálogo sistemático:**
1. Teologia bíblica feminista    220.83054

|                         |                                |
|------------------------:|:-------------------------------|
| Direção-geral: | *Flávia Reginatto* |
| Editora responsável: | *Vera Ivanise Bombonatto* |
| Copidesque: | *Mônica Elaine G. S. da Costa* |
| Coordenação de revisão: | *Andréia Schweitzer* |
| Revisão: | *Patrizia Zagni* |
| Direção de arte: | *Irma Cipriani* |
| Gerente de produção: | *Felício Calegaro Neto* |
| Capa: | *Cristina Nogueira da Silva* |
|  | *sobre ilustração de Soares* |
| Editoração eletrônica: | *Sandra Regina Santana* |

*Nenhuma parte desta obra poderá ser reproduzida ou transmitida por
qualquer forma e/ou quaisquer meios (eletrônico ou mecânico,
incluindo fotocópia e gravação) ou arquivada em qualquer sistema ou
banco de dados sem permissão escrita da Editora. Direitos reservados.*

**SAB – Serviço de Animação Bíblica**
Av. Afonso Pena, 2142 – Bairro Funcionários
30130-007 – Belo Horizonte – MG
Tel.: (31) 3269-3737 – Fax: (31) 3269-3729
e-mail: sab@paulinas.org.br

**Paulinas**
Rua Pedro de Toledo, 164
04039-000 – São Paulo – SP (Brasil)
Tel.: (11) 2125-3549 – Fax: (11) 2125-3548
http://www.paulinas.org.br – editora@paulinas.org.br
Telemarketing e SAC: 0800-7010081

©Pia Sociedade Filhas de São Paulo – São Paulo, 2005

# Apresentação

*Grava-me como selo sobre teu coração* é o volume 8 da série *Teologias bíblicas*, da Coleção Bíblia em Comunidade. Nas páginas iniciais da Bíblia, lemos que "Deus criou o ser humano à sua imagem, à imagem de Deus o criou. Homem e mulher ele os criou" (Gn 1,27). Mulher e homem nascem do coração de Deus. Cada qual faz a sua experiência de vida e nela relê a experiência do sagrado, Deus. A mulher, mesmo que tenha sido invisibilizada em muitos textos das escrituras, possui presença marcante. Este volume não é uma obra isolada, visto que integra a segunda série Teologias bíblicas, precedida pela primeira série — *Visão global da Bíblia* —, e apresenta as grandes etapas da história da salvação que Deus realizou em favor do seu povo, situadas no contexto geográfico do Oriente Próximo. Em cada uma delas são apresentados os escritos bíblicos que, provavelmente, surgiram nesse contexto histórico.

*Grava-me como selo sobre teu coração* faz parte da segunda série, *Teologias bíblicas*. Nela, vamos conhecer as diferentes intuições ou visões que o povo teve sobre Deus: Teologia do Êxodo, Teologia da Aliança, Teologia da Graça, Teologia Feminista, entre outras. Neste 8º volume vamos conhecer, mediante a análise dos textos bíblicos, como a mulher expressa a sua experiência de vida e nela revela sua experiência de Deus.

Na terceira série — *Palavra: forma e sentido* —, encontramos os diferentes gêneros literários presentes na Bíblia, como alegorias, fábulas, sagas, parábolas e tantos outros. Estes constituem, muitas vezes, a grande dificuldade para compreender e interpretar adequadamente o texto bíblico. Por fim, a quarta série *Recursos pedagógicos* irá auxiliar agentes de pastoral a dinamizar o estudo da Bíblia com dinâmicas de integração, de formação de grupos e de estudo das três séries anteriores: *Visão global da Bíblia, Teologias bíblicas* e *Palavra, forma e sentido*. São sugestões complementares específicas de cada tema com a indicação de vídeos, filmes, métodos de leitura e análise de textos significativos. Esta série apresenta ainda um *Modelo de ajuda*, facilitando o conhecimento de si e dos outros para melhor se prepararem para o serviço da Palavra.

*Grava-me como selo sobre teu coração* foi preparado com esmero pela autora que tomou como ponto de partida e de referência o contexto histórico, pois foi nele que ontem e hoje nós continuamos a vivenciar a nossa fé, a nossa espiritualidade. É nele que fazemos a experiência do sagrado, a experiência de Deus.

O primeiro capítulo — Nossa vida, nossa Bíblia — é de cunho hermenêutico e metodológico. Com ele, a autora entra pela porta do cotidiano, da vida, da história, daquilo que ficou registrado na memória de mulheres e homens que deixaram por escrito sua experiência existencial e relacional, situada no contexto androcêntrico e patriarcal. Resgata parte dos movimentos históricos com o testemunho de duas mulheres, para mostrar as suas lutas, que ocorrem também na Bíblia. Constata que nós

> Recebemos grande impulso da Antropologia Cultural, que nos abriu horizontes para a compreensão de importantes elementos na análise de textos e de relações através da categoria de gênero como instrumental de análise. Aprendemos que gênero não é "coisa de mulher", nem sinônimo de "sexo"[...] diz respeito às relações construídas entre mulheres e homens, adul-

tos e crianças [...] A categoria de gênero, como instrumental de análise, ajuda a entender que a construção de nossa identidade feminina e masculina depende mais da nossa cultura do que da nossa biologia sexual.

De fato muitos elementos são implicados na análise das relações sociais e de gênero, que passam pelos símbolos utilizados para a mulher, para o homem, pelo processo de desconstrução e reconstrução dos textos, pelas relações de poder, adotando uma epistemologia que nos leva a perguntar pelos nossos modos, jeitos e lugares de construção do conhecimento.

O segundo e o terceiro capítulos analisam textos significativos do Primeiro Testamento na ótica da mulher, ressaltando a mentalidade patriarcal típica do contexto cultural da época, onde a mulher é submissa ao homem, sem esquecer que nem tudo o que foi vivido foi escrito. Percebe-se

a presença e participação das mulheres em processos de organização da vida sociocomunitária e da resistência que, em face de mecanismos e sistemas de opressão, foram silenciadas muitas vezes.

Mesmo assim o protagonismo das mulheres aparece nos escritos do período monárquico, profético, sapiencial, nas comunidades, nas famílias e nas periferias. Dois textos significativos do livro do Êxodo (Ex 21,2-11) e do Deuteronômio (Dt 15,12-18) são ressaltados porque suas leis espelham as relações sociais dominantes na sociedade, apontando retrocessos e avanços dentro da legislação, evidenciando mudanças nas relações sociais.

O quarto e o quinto capítulos apresentam as experiências de mulheres no Segundo Testamento, onde Maria aparece como a expressão máxima da teofania, manifestação de Deus. Com esmero, Ivoni analisa o contexto sociopolítico do patriarcado romano com forte influência de Cícero, que não admitia liberdade e igualdade entre as pessoas, muito menos entre homem e mulher. Esta permanecia sempre em situação de inferioridade. Ainda assim há muitos textos que apresentam experiências igualitárias e ao mesmo tempo uma hierarquização da vida eclesial no Segundo Testamento. Apresenta uma crítica à lógica do mercado e como as mulheres conseguiram driblá-lo, finalizando com uma visão teológico-cultural segundo textos significativos dos Evangelhos.

A linguagem é acessível e o assunto é tratado com competência e seriedade. Desejamos que esta proposta apresentada possa contribuir para uma caminhada mais consciente e libertadora de todo o povo de Deus.

*Romi Auth, fsp*
Serviço de Animação Bíblica (SAB)

# 1
# Nossa vida, nossa Bíblia

## Na Bíblia, o coro de muitas vozes

Ler a Bíblia e fazer teologia é um exercício que se torna parte de nossa vida, de nossa espiritualidade cotidiana. Não é necessário ser "profissional" na área. A prática de ler, reler, interpretar textos e histórias, para dentro de nossa vida, nos torna sujeito teológico. Interpretamos nossa própria vida e nossas relações com base em experiências com o Sagrado, que estão testemunhadas também em textos bíblicos, e a partir de vivências com o nosso corpo igualmente sagrado.

Desse modo, ler a Bíblia e fazer teologia torna-se algo relacional, mais aberto e profundo. Buscamos a profundeza da vida, do sentido da vida. Para isso, não basta abrir a Bíblia; é necessário também abrir a própria vida e colocá-la em contato com a vida que está presente nas experiências narradas na Bíblia. Afinal, esta não é apenas um amontoado de relatos organizados por alguns homens, mas nela estão contidos milhares e diferentes histórias e testemunhos de vida, vividos e transmitidos por mulheres, homens, crianças e pessoas idosas.

Gosto de perceber a Bíblia como um coro de muitas vozes ou como uma pintura de várias cores. Nela existem vozes desafinadas entre si, ou cores contrastantes, nem sempre harmônicas. Trata-se de testemunhos históricos e da fé de pessoas que vêm de culturas diferentes, são de diferentes etnias, classes, idades e gêneros. O que temos é uma polifonia, um multicolorido! É por isso que também faz bem escutar todas essas vozes e observar tantas cores, principalmente as vozes silenciadas e as cores apagadas, a fim de percebermos a grande maravilha presente na multiforme obra de Deus. E somente assim podemos entrar nos distintos contextos e realidades de vida e morte das pessoas e comunidades presentes ou subjacentes ao texto; e ainda entender como crianças, mulheres e homens vivenciaram mecanismos de opressão, resistiram a eles e captaram algum tipo de experiência libertadora. Tudo isso é testemunho de fé baseado nas distintas realidades históricas.

Uma importante porta de entrada — ou janela — para uma leitura bíblica e reflexão teológica feministas é o "cotidiano", o nosso dia-a-dia que está marcado por trabalho, alegria, dor, esperança, morte, prazer, fé e espiritualidade. Essas realidades são traços de nossa história e fazem parte de nosso corpo, o qual se encontra em relação com outros corpos — relação de amor, amizade, raiva, competição, paz, conflitos. Assim, somos pessoas vivendo dentro de um contexto maior, marcado por crises, vitórias, corrupção, no qual a prática da injustiça impera sobre a justiça, a violência se impõe sobre iniciativas de paz e processos de empobrecimento num mundo neoliberal globalizado clamam aos céus e a nosso coração! Diante e dentro dessa realidade, somos igualmente pessoas que buscam organizar-se para resistir, propor e vivenciar alternativas.

Nós, mulheres, lemos textos bíblicos comprometidas com o seguimento e com a diaconia a Jesus, assim como as primeiras mulheres no movimento de Jesus: com paixão e humildade, confrontadas e relacionando-nos com o mistério divino encarnado em Jesus Cristo; como mulheres comprometidas com a vida digna que está ameaçada por vários instrumentos de morte nas esferas tanto privada como pública. Por isso, é a vida que confere "autoridade" e "legitimidade" para nossa hermenêutica, não esquecendo que também Jesus queria vida plena para todas as pessoas, especialmente para aquelas que mais sofrem processos de marginalização, discriminação e opressão. A maioria dessas pessoas são mulheres e crianças, e é por essa razão que falamos de uma "feminização" da pobreza.

## A vida, o princípio e o referencial

É a *vida* o princípio e o referencial de uma Teologia Bíblica Feminista libertadora. Isto implica que resgatemos a importância concreta de nossos *corpos históricos*, lindos e dilacerados, ardentes por relações amorosas, mas que também sofrem múltiplas formas de violência. O corpo, na história, foi o espaço maior de opressão e subordinação de mulheres, crianças e pessoas escravas, seja do ponto de vista da produção, seja da sexualidade: violação, agressão, abuso, idealização, projeção de mentalidades e ideologias masculinas patriarcais se impuseram sobre nossos corpos durante milênios. Resgatar e recuperar os corpos concretos, lindos e sofridos é central para nosso referencial básico da vida. Quando Jesus acolhia e curava uma pessoa, ele resgatava a dignidade daquele corpo enquanto *um todo* que merece cuidado e respeito. Isso é muito significativo para mulheres e demais pessoas empobrecidas, porque o corpo faz parte do evangelho holístico de Jesus Cristo.

Entendemos que também a Bíblia é um corpo, tecido com muitas histórias em diferentes tempos e culturas. Portanto, nos aproximamos desse corpo, que é a Bíblia, com nossos corpos concretos, com nossas vidas que geralmente pouco têm de especial: são pequenas histórias *cotidianas*, preocupações com (nossas) crianças, trabalho, cansaço, rotina, desejo, sexualidade tantas vezes frustrada, sonhos de uma vida pessoal e político-econômica melhor, fantasias de uma vida plena de amor e paixão, de sexo prazeroso, de trabalho e salário dignos e justos, de amizades verdadeiras e solidárias... e é por isso também que nossos corpos e histórias são totalmente especiais!

## Hermenêutica feminista de libertação

Importante para uma hermenêutica feminista de libertação é colocarmos nossas vidas em contato com outras vidas, cuja *memória* está registrada nos nossos corpos e também no corpo da Bíblia. Para que essa memória se torne viva e vivifique algumas dinâmicas de vida, hoje, é necessário *visibilizar as histórias e os corpos de mulheres e outras pessoas oprimidas* presentes no texto. Faz-se necessário acabar com o silêncio em torno de nossas experiências de opressão e de libertação: é preciso anunciar a libertação para encorajar outras pessoas e denunciar a opressão para gerar processos de transformação!

Resgatar essa memória histórica é *tomar posse da herança* que nos foi legada também pelos textos bíblicos. Essa herança nos dá poder, fortalece-nos em nossas lutas e lideranças. Não podemos abrir mão dela, que pode novamente transformar-se em poder para nós, hoje: poder dinâmico, compartilhado, igualitário, participativo, a serviço da vida. Assim, integramo-nos à grande "nuvem de testemunhas" que nos precederam na fé (Hb 12).

No entanto, não basta apenas resgatar as histórias de mulheres. É necessário também verificar o que a tradição eclesiástica fez com essa história, quais são os *efeitos históricos* de tais histórias de mulheres e das interpretações feitas por homens e autoridades eclesiásticas. Muitas vezes, a história e a doutrina eclesiásticas transformaram histórias de mulheres em simples preâmbulos para uma dita real e significativa história, como no caso de Isabel e Maria, que são lidas como sendo a pré-história de Jesus (Lc 1–2); de Tabita, como o prelúdio para a história de Cornélio (At 9–10); de Lídia, como a introdução à história do carcereiro de Filipos (At 16)... Devemos lembrar também que essa interpretação tradicional transformou Eva e Maria em arquétipos da sexualidade de mulher: uma induz o homem à tentação, cuja característica é o pecado; e a outra é tornada imaculada, assexuada. Uma codifica a "má sexualidade" e a outra, a "boa sexualidade". Nesse processo interpretativo, a historiografia eclesiástica e a interpretação tradicional buscam colocar histórias e mulheres protagonistas novamente em segundo plano e, com isso, minimizar seu significado para a história de mulheres no seguimento e discipulado a Jesus, em forma plena. Mulheres "reais" praticamente não têm vez na história eclesiástica...

## As mulheres no movimento de Jesus e nos cristianismos originários

Além de visibilizar e dar significado à presença e participação igualitária das mulheres no movimento de Jesus e nos cristianismos originários, uma hermenêutica feminista de libertação também descobre novas maneiras de *conhecer e relacionar-se com Deus*, resgatando outras *imagens* para o Sagrado, também contidas em textos bíblicos. Poderemos continuar falando de Deus como Pai, mas estaremos, simultaneamente e sempre, questionando a estrutura antropológico-social patriarcal que rege a sociedade de forma hierárquica, exercendo dominação e poder. Deus — *Abba* —, que é testemunhado em textos bíblicos, não é o grande patriarca que julga e castiga a exemplo de outros senhores romanos, babilônicos, egípcios... mas é pai amoroso, que perdoa, acolhe e sustenta. Trata-se de um Deus que se contorce em suas entranhas, seu útero, quando vê o povo sofrendo; é um Deus que protege e luta pela vida de suas crianças como uma ursa; ensina os primeiros passos, amamenta alimenta e protege (veja, por exemplo, Os 11–13; Sl 132; Mt 23,37). É Deus que, no Sermão da Montanha, se preocupa em alimentar e vestir suas filhas e seus filhos, e o faz como uma mãe nas diferentes dinâmicas de amor e cuidado (Mt 6,25-34; 7,7-12, observando que a tradução "homem" em Mt 7,9 está errada; o termo grego *ánthropos* significa "pessoa", portanto homem e/ou mulher).

Parece-me relevante destacar, com as características masculinas ou femininas de Deus, a sua presença solidária, curadora, amorosa, capacitadora e misericordiosa, que estabelece a justiça como indicativo e imperativo para a convivência entre todas as pessoas, em sua grande e maravilhosa criação! Deus percebe o sofrimento e a injustiça, vem em socorro para levantar a vida, para que no céu e na terra se faça uma grande festa de alegria (Lc 15)!

A partir de uma atuação libertadora de Deus *na* e *mediante* histórias de crianças, mulheres e homens, é que a hermenêutica bíblica feminista também coloca como referencial uma *ética* que afirma a vida como valor absoluto, assim como a igualdade entre mulheres e homens e ao mesmo tempo o respeito às diferenças a partir das pessoas mais sofridas, exploradas, marginalizadas; afirma também a importância da subjetividade e da interdependência de todos os elementos da criação. Com isso, a Teologia Bíblica Feminista está inserida, com outros movimentos contraculturais, num sistema neoliberal globalizado patriarcal, resgatando as experiências ousadas, corajosas, transgressoras e geradoras de novas possibilidades de organizar as relações de vida, em busca de autonomia, responsabilidade e solidariedade na construção do Reino de Deus entre nós.

## A vivência é transmissão da
## Teologia Bíblica Feminista na comunicação

A Teologia Bíblica Feminista não apenas estuda os textos bíblicos, mas também busca, criativamente, transmiti-los e torná-los vivenciáveis hoje. Por isso, as diversas formas de comunicação, celebração, reconstrução de textos são características importantes para esta teologia. Além de "escavar" os textos, também "reconstruímos" os fragmentos encontrados e os trazemos para nossa vida com a linguagem própria de cada contexto. E simultaneamente levamos nossa vida, nossos tecidos, para junto da interpretação de textos.

Assim, a poesia, a arte, o bibliodrama são formas riquíssimas de expressão da história, que está registrada em nosso corpo e no corpo do texto, no "fundo da alma" e da memória, e que nem sempre consegue ser verbalizada. Há uma canção que expressa o sentimento de muitas mulheres e homens que estão procurando novas formas de construção de relações e de poder. Chama-se "Elas":

São elas força presente na história desde sempre
sofrendo o jogo humilhante, consciente ou inconsciente.
Vários rostos, várias raças envolvidas por correntes
que as tolhem em seus direitos e que matam suas sementes.
Elas não querem a guerra, elas só querem a paz:
paz que brota da justiça — Mulher e homem têm direitos iguais!

Nessa estrofe transparece uma certeza, que também vale para textos bíblicos: mulheres estão participando da história salvífica desde o início. São protagonistas em momentos fundantes e fundamentais. E mesmo assim, muitas vezes, foram silenciadas e invisibilizadas durante séculos. Isso acontece nos próprios textos bíblicos, mas principalmente mediante o uso eclesiástico que se fazia (e ainda se faz) destes. A interpretação bíblica com freqüência criou a impressão de que mulheres não participaram da história do povo de Deus. Por meio do silenciamento de mulheres bíblicas, procura-se silenciar mulheres na história. O processo de invisibilização do protagonismo das mulheres pretende impossibilitar e desautorizar mulheres a assumirem funções de poder na história. Por isso, a interpretação bíblica feminista começou a realizar um importante trabalho "arqueológico": buscar e cavar histórias que revelam não só o silêncio ou a presença, mas a participação decisiva de mulheres na história do povo de Deus. É disso que trataremos neste estudo.

## Por que Teologia Bíblica Feminista?

A Teologia Bíblica Feminista tem algumas características que lhe são próprias. Ela é *Teologia* porque reflete a vida na relação com Deus, e como Deus se manifesta nessa vida em meio às alegrias e tristezas, conquistas e injustiças. Ela é *Bíblica,* porque tem textos bíblicos como referencial básico de análise, considerando todos os instrumentos de interpretação e o contexto dentro do qual os testemunhos narrados foram vivenciados e escritos. Ela é *Feminista,* porque está comprometida com a luta por vida digna para todas as pessoas, principalmente mulheres e crianças, visto que são estas que mais sofrem em meio aos mecanismos de múltiplas opressões.

## Pensando conceitos básicos

Há quem prefira falar em Teologia Feminina, porque o termo "feminista" pode assustar, separar... O uso do termo é importante, porque diz respeito às distintas metodologias e abordagens de conteúdos.

A Teologia Feminina expressa características "femininas" na sua oposição ao "masculino", destacando, na abordagem de textos, as ditas "qualidades femininas", como ternura, afeto, cuidado... Sendo, por definição, caracterizada pelo sexo, ela exclui a participação do sexo masculino. Historicamente, esse tipo de teologia pode ajudar a legitimar processos de opressão, dominação e exclusão, porque trabalha com o pressuposto da naturalização das funções e papéis femininos e masculinos, socioculturalmente construídos. Para verificar isso, basta observar que não há, por parte da estrutura hierárquica patriarcal da Igreja, nenhuma crítica em relação a uma Teologia Feminina, ou na "óptica da mulher"...

A Teologia Feminista insere-se num mais amplo e histórico movimento de articulação e organização de lutas por libertação de mulheres. Luta-se contra sistemas patriarcais de opressão, que se situam em âmbitos político, cultural, eclesiástico, econômico, sindical... e que se expressam e são vivenciados no cotidiano de nossa vida. Isso se reflete nas lutas por direitos trabalhistas, de planejamento familiar, de acesso à saúde, ao trabalho, à educação... Mas vai além, porque trabalha na dinâmica de um processo de conscientização, de percepção e crítica de estruturas de opressão dentro de sociedades machistas/patriarcais. Movimentos feministas atuam, portanto, tanto em âmbito socioeconômico quanto político-cultural e estão presentes no Estado e no sindicato, nos partidos e nas igrejas, nas escolas, ruas e casas... Questionando e lutando contra estruturas de dominação e opressão, objetivam a construção de novas relações em todos os níveis. Esses movimentos, e também a Teologia Feminista, querem a libertação de mulheres das estruturas de opressão, incluindo crianças e outras minorias qualitativas, sem excluir a participação de homens nesse processo crítico-construtivo.

Assim, o termo Teologia Feminista indica a participação de mulheres e homens em processos que querem construir novas relações vitais a partir de análise, posturas e atitudes críticas às estruturas patriarcais de dominação em todas as instâncias da sociedade, das igrejas e especificamente da teologia.

## Algumas características básicas

Dentro do nosso contexto latino-americano, a Teologia Bíblica Feminista objetiva e enfoca a libertação de mulheres oprimidas e empobrecidas. Ela nasce, a partir da década de 1970, no bojo da Teologia da Libertação, da qual mulheres participaram desde os princípios. Dentro desse movimento mais amplo nas igrejas, na sociedade e na teologia, mulheres teólogas começam a perguntar pelo rosto e pelo corpo dos "pobres" da Teologia da Libertação. Percebe-se que a maioria destes são mulheres e crianças. Visibilizar o corpo e a história das mulheres empobrecidas foi um importante passo no processo de construção de nossa Teologia Feminista de Libertação.

A partir disso, fomos dando passos e fazendo história. Em uma perspectiva bíblica, vimos que é necessário entender o processo de escrita dos textos bíblicos como produto de uma época, cultura e religião; que é essencial, portanto, realizar uma análise crítica da linguagem sexista na (re)leitura da Bíblia; que precisamos resgatar tanto narrativas e experiências de libertação quanto de opressão.

Nessa abordagem, fomos desenvolvendo um princípio hermenêutico fundamental para a Teologia Bíblica Feminista, que é o ato da suspeita. Suspeitamos de afirmações eclesiásticas e político-sociais que afirmam a subordinação e inferioridade de mulheres e outras pessoas marginalizadas, negando-lhes a integral participação em todos os processos de produção, reprodução, decisão e exercício de poder. Investigamos a origem de tais afirmações. Exploramos textos bíblicos, tanto aqueles que impedem como os que capacitam mulheres a serem sujeitos históricos com total dignidade. Aprendemos a analisar todos os textos, desde aqueles que testemunham experiências de opressão, até os que falam de libertação vivenciada. Examinamos a literatura e a sociedade. E nisso percebemos estruturas de dominação básicas que se encontram nas origens da elaboração e vivência da subordinação de mulheres, crianças e pessoas empobrecidas.

Entre essas estruturas básicas de dominação, encontra-se a dinâmica do *androcentrismo* e do *patriarcado*. Uma visão androcêntrica do mundo, uma literatura ou linguagem androcêntrica colocam o homem/macho como referencial e centro de tudo o que acontece. Suas experiências e necessidades destacam-se como sendo de todos os seres humanos. Ele é o sujeito explícito das ações e decisões. Os demais seres humanos são invisibilizados por meio de tal concepção de mundo e de linguagem. São incluídos no plural masculino (os alunos, os discípulos, os governantes...) e somente são mencionados explicitamente quando acontece algo muito importante ou grave.

Tal visão e linguagem androcêntricas fazem parte da estrutura do *patriarcado*. Entende-se por patriarcado um sistema hierárquico de dominação de homens sobre mulheres, crianças e demais dependentes, inclusive outros homens. Além disso, o sistema patriarcal torna-se mais complexo, porque vinculado com as dinâmicas de dominação *quiriacal*, isto é, do patriarca *senhor* (do grego *kyrios*), que determina todos os níveis de relações de subordinação na casa, na sociedade, no Estado e nas instituições religiosas. É dentro desse sistema que são definidas as funções sociais de homens e mulheres, baseando-se na diferença biológica dos sexos. Analisar essas relações assim construídas é importante para percebermos os processos de marginalização. É a *categoria de gênero* como instrumental de estudo de textos e realidades que nos ajuda a entender as dinâmicas de opressão e subordinação. Veremos isso mais adiante.

## Hermenêuticas feministas

Interessa-nos, aqui, colocar alguns referenciais hermenêuticos básicos dentro da Teologia Feminista, porque são relevantes no processo de (re)leitura bíblica. Adotamos uma linguagem plural, porque, na riqueza do processo hermenêutico, constatamos a presença de vários acentos, entre eles: eco-feminista, étnico-racial, histórico-social etc.

## Um pouco de história

Num primeiro momento, queremos resgatar parte de movimentos históricos nos quais mulheres foram protagonistas e que são, a nosso ver, importantes para uma abordagem hermenêutica. Com isso objetivamos visibilizar lutas de mulheres que também recorreram a tradições bíblicas para, com suas vitórias e derrotas, criticar e transformar estruturas de dominação. E assim lançaram sementes... Ambas vêm do século XIX.

### Jacobina Maurer

Nascida e criada em família luterana, Jacobina Mentz liderou o movimento socioreligioso de Muckers, em Sapiranga (RS), em meados do século XIX. Mulheres, crianças e homens empobrecidos procuravam, segundo suas convicções religiosas que a história oficial chama de "fanáticas", construir uma comunidade como aquela testemunhada em At 2 e 4. Dons carismáticos, partilha de bens, oração eram características deste grupo. Jacobina, desde pequena, tinha visões e, nesse estado, diagnosticava doenças e, com ervas, chás e rituais religiosos, desencadeava processos de cura.

Como líder carismática, ela era entendida como um braço estendido de Cristo na construção de seu Reino. Quando se casou, em 1866, com João Maurer, sua fama passou a crescer. Um grupo cada vez maior se reunia na casa do casal nos finais de semana. O movimento foi se solidificando, seguindo regras rígidas, como não beber, não fumar, não participar de festas públicas. O menosprezo, a discriminação e a perseguição não tardaram em se manifestar, o que também ficou registrado no próprio nome que foi externamente atribuído ao movimento: "Muckers" significa, depreciativamente, "os resmungadores/reclamões" ou, ainda, "falsos religiosos".

O clima de hostilidade concretizou-se com a prisão de Jacobina e seu marido pela polícia, mas logo foram soltos, o que fortaleceu a convicção do movimento. Alguns argumentos — entre eles: liderança de mulher, comunidade coletiva de bens, dons carismáticos, afastamento das instituições sociais e religiosas estabelecidas — fizeram que houvesse uma intensa intervenção militar, em 28 de junho de 1874, sob o comando do coronel Genuíno Sampaio, que foi derrotado pelos Muckers. Novo ataque aconteceu em 18 de julho, no qual se incendiou a casa de Jacobina, havendo muitas mortes. Sobreviventes refugiaram-se na mata do morro Ferrabrás, sendo derrotados em agosto do mesmo ano. Os poucos sobreviventes continuaram sofrendo perseguição e eram hostilizados mediante deboches religiosos.

## *Elisabeth Cady Stanton*

Nasceu nos EUA em 12 de novembro de 1815, no seio de família calvinista.[1] Seu pai era juiz, e desde pequena, mediante

---

[1] O resumo baseia-se no artigo de Wanda Deifelt, Os primeiros passos de uma hermenêutica feminista: a Bíblia das mulheres, editado por Elisabeth Cady Stanton, em *Estudos bíblicos*. Petrópolis/São Leopoldo, Vozes/Sinodal, 1992. pp. 5-14, v. 32/1.

a profissão do pai, Elisabeth observava que o direito familiar privilegiava homens (o salário da esposa e sua herança pertenciam ao marido; mulheres casadas não tinham direito à propriedade; no casamento, homem e mulher tornavam-se "um", e este "um" era o marido). Quando as esposas não se conformavam com as palavras do juiz, ele tomava um livro da estante e lia as leis. Elisabeth prestava atenção e depois marcava as páginas do livro a fim de que, oportunamente, pudesse arrancá-las, pois pensava que estas é que causavam injustiça e opressão às mulheres. Seu, pai, então, lhe explicou que tal plano não adiantaria nada, pois existiam muitos livros iguais e outros juízes que conheciam essas leis, e recomendou que ela estudasse, se quisesse transformar algo!

Elisabeth se pôs a estudar e começou a participar dos movimentos abolicionista e sufragista. Casou-se e teve cinco crianças. Em relação à nossa temática, um acontecimento marcou profundamente sua vida: em 1840, ela participou de uma conferência internacional de abolicionistas, em Londres. Acostumada a falar em público e a votar entre os seus companheiros, escandalizou-se quando foi impedida de exprimir-se. Foram sacerdotes que a proibiram, argumentando contra a participação de mulheres, por causa da sua submissão decretada por Deus, desde a criação de Eva; além disso, a Bíblia falava expressamente que as mulheres deveriam permanecer caladas em público e perguntar as coisas em casa a seus maridos (faziam referência a 1Cor 14). Foi então que Elisabeth decidiu estudar teologia (devemos lembrar que nos encontramos nos inícios do desenvolvimento do método histórico-crítico!). Ela entendeu que a interpretação bíblica acentuava a não-participação das mulheres na vida pública, também porque eram consideradas pecadoras. Depois de muito estudo, com um grupo de mulheres e alguns homens, publicou, em 1895, a Bíblia das

Mulheres, trabalhando criticamente os textos bíblicos que mencionavam mulheres.

Desse processo de vivência, estudo e trabalho destacamos algumas implicações hermenêuticas relevantes ainda hoje: a) a Bíblia não é um livro neutro, mas foi usada como arma política e ideológica contra as mulheres na sua luta por igualdade; b) a Bíblia foi escrita por homens e carrega consigo marcas de tais homens que apenas alegam ter recebido revelações de Deus; c) a Bíblia foi usada pelos poderosos em favor da escravidão, da pena de morte e da subjugação das mulheres, funcionando, assim, como uma legitimação do patriarcado social e eclesiástico; d) a análise dos textos deve pressupor um estudo de experiências de vida, no caso, que partem de mulheres dentro de relações socialmente construídas.

Elisabeth recebeu muitas críticas, principalmente do clero e de instituições teológico-acadêmicas. Uma das acusações dizia que a Bíblia das Mulheres era obra do diabo... Por isso, em sua segunda edição, Elisabeth declara:

> Um outro membro do clero diz: "Isto é o trabalho de mulheres e do diabo". Isto é um grave erro. Sua majestade satânica não foi convidada a participar do comitê, que consiste somente de mulheres. Ainda mais que ele [o diabo] está muito ocupado nos últimos anos participando de sínodos, assembléias gerais e conferências, para impedir o reconhecimento de mulheres delegadas, de modo que não tem tempo para estudar línguas e métodos de análise crítica.

O que Elisabeth Cady Stanton e seu grupo formulavam, às vezes intuitivamente, foi obtendo consistência metodológica. Mulheres que participavam de movimentos feministas e que tinham suas origens na Igreja, passaram a estudar teologia exatamente para averiguar e demonstrar que a Bíblia fora usada para invisibilizar as mulheres enquanto sujeito histórico e legitimar processos de opressão contra estas. Com isso, e argumentando internamente contra tal abuso interpretativo, passava-se também a resgatar memórias históricas de mulheres como protagonistas, dentro da história do povo de Deus.

Tanto o movimento de Elisabeth quanto o de Jacobina mostram que as instituições estabelecidas e o povo que delas compartilha não toleraram e, então, perseguiram essas iniciativas lideradas por mulheres. Elas ousaram ler, interpretar e apropriar-se de textos e experiências bíblicos como hermeneutas e sujeitos históricos. Resgatar isso, mesmo que breve e parcialmente, nos fortalece no caminho de (re)construção de nossa história.

## A semente germina, cresce e se espalha

O trabalho de resgate da participação de mulheres e dos processos de sua discriminação e opressão teve, a partir do século XIX, forte repercussão e desdobramentos histórico-hermenêuticos em todo o mundo, impondo-se em todos os níveis a partir de 1970. Protagonistas desse trabalho são mulheres engajadas em movimentos libertários, e um de seus mais fortes impulsos provém da Teologia da Libertação, que foi se tornando conhecida em todo o mundo acadêmico dessa época. No Brasil e na América, articula-se o pressuposto básico de que os pobres são o novo sujeito hermenêutico e há um grande esforço de resgatar a memória histórica deles. Nesse movimento, mulheres começam a aprofundar a pergunta pela concretude da pobreza, buscando os seus corpos históricos. Percebe-se, como vimos anteriormente, que a maioria são mulheres e crianças. Assim, com referenciais antropológicos e sociológicos, afirma-se a *feminização da pobreza*. E, com isso, mulheres e crianças são centro e referencial para nossa hermenêutica de libertação.

Assim, na América Latina e em outros continentes, temos um desenvolvimento e avanço hermenêuticos significativos. No Brasil, num labor teológico vinculado com as pastorais populares, Agostinha Vieira, Ivone Gebara, Ana Flora Gorgulho e Ana Maria Tepedino formam a primeira geração de teólogas que se preocupam com a luta de mulheres, concentrando-se, em um primeiro momento, ainda na "leitura na óptica da mulher". A segunda geração desponta logo a seguir, a partir da década de 1980: estudantes de teologia aderem ao processo e dá-se um verdadeiro florescer hermenêutico, a partir do engajamento em movimentos sociais e políticos: "Diretas Já" e "Sem-Terra". Busca-se reler os textos bíblicos com base nos protagonismos históricos de mulheres: resgata-se sua relevância no início de marcos fundamentais no processo de libertação e formação do povo de Deus — as parteiras/Moisés; Raabe/posse da terra; Sara e Hagar/descendência do povo de Deus; profetisas Miriã, Hulda/denúncias sociais; Maria e Isabel continuidade da história libertária; discípulas de Jesus, apóstolas da ressurreição; igrejas-casas e missionárias etc. Começa-se a resgatar elementos básicos para reconstruir a imagem de Deus, não só Pai, Juiz, Todo-Poderoso..., mas também Mãe, Misericórdia/Útero/*Splanchna*/*Pneuma*... Luz, Água, Pão... Inúmeros estudos, textos, cursos, assessorias em meio a grupos populares, CEBIs etc., marcam esse momento histórico.

A década de 1990 vem enriquecer toda essa dinâmica com a *categoria do gênero,* como instrumental analítico da construção sociocultural das relações entre homens e mulheres e suas variantes. Novamente, com base em uma epistemologia interdisciplinar — no caso, antropológico-cultural —, investigam-se as experiências cotidianas que marcam a subordinação e a exploração de mulheres e questionam-se seus pressupostos que buscam justificar e legitimar tal situação.

## Gênero como categoria de análise

Fomos percebendo que nossas abordagens metodológicas (2 trilhos, 3 lados, 4 cantos...) não conseguiam alcançar a profundidade dos mecanismos de opressão que as mulheres e as demais minorias qualitativas vinham sofrendo. Foi então que encontramos uma importante aliada em nosso processo. Recebemos grande impulso da antropologia cultural, que nos abriu horizontes para a compreensão de importantes elementos, na análise de textos e de relações, por meio da categoria de gênero, como *instrumental de análise*. Aprendemos que gênero não é "coisa de mulher" nem sinônimo de "sexo" e que, portanto, não são apenas mulheres que deveriam ocupar-se com esta questão. Afinal, gênero diz respeito às relações construídas entre mulheres e homens, adultos e crianças... A categoria de gênero enfatiza o *caráter social* das distinções construídas a partir das diferenças biológico-sexuais. Na vida, aprendemos a considerar as nossas diferentes funções como fazendo parte da nossa biologia, da nossa "natureza". Nos ditos populares e no cotidiano, afirma-se que "é natural que a mulher cuide das crianças, que ela fique em casa...".

A categoria de gênero, como instrumental de análise, ajuda a entender que a construção de nossas identidades femininas e masculinas depende mais da nossa cultura do que da biologia sexual. Pois não é verdade que as chamadas "características" de mulheres e de homens são "naturais"; elas vão sendo construídas, assumidas, introjetadas e reproduzidas por mulheres e homens em seus processos de educação/formação. Essa construção de identidade pessoal e social é forjada num procedimento de dinâmicas de *relações de poder* dentro de estruturas de sistemas patriarcais de subordinação, nos quais as instituições e os meios de comunicação atuam como fator substancial.

Para rompermos com essas estruturas de subordinação e todas as formas de opressão existentes e legitimadas por elas, torna-se necessário rejeitar o argumento do determinismo biológico para explicar as diferenças sociais, econômicas, culturais, políticas, teológicas, eclesiásticas... existentes entre homens e mulheres, seja na divisão de tarefas, seja na recompensa salarial de trabalhos, na vivência sexual, na organização da vida doméstica e pública, na elaboração e aprovação ou não de referenciais teóricos...

Resumindo, podemos dizer que a categoria de gênero ajuda a entender que as diferenças biológicas não servem para explicar as diferenças de gênero, classe e etnia, mas que estas são culturalmente construídas e se expressam e reproduzem nas múltiplas relações sociais entre mulheres e homens, mulheres e mulheres, homens e homens. E em tais relações a questão e a dinâmica de *poder e mudança* são fundamentais. Não basta, portanto, analisar a existência de estruturas de opressão, mas é imprescindível averiguar e pesquisar, no passado e no presente, onde e como essas estruturas foram e são construídas, questionadas, transgredidas, superadas, ou o que ainda pode e deve ser feito. Se gênero é algo construído, pode também ser transformado, desconstruído e reconstruído, e novas relações de gênero podem ser criadas e vivenciadas!

Já não é tempo de apenas reagir, protestar, reclamar, mas sim de ligar tudo isso com reflexões e ações propositivas! Precisamos ser sujeitos de propostas e caminhos estratégicos de uma nova ação na construção de nossas identidades libertadas de mecanismos de subordinação e tudo o que daí advém. Pois os processos e mecanismos de subordinação estão ligados à marginalização das pessoas, o que se liga muitas vezes com exploração de mão-de-obra e sexual, com violência, desrespeito, abuso do corpo de mulheres e crianças, tanto nas relações pessoais quanto nas relações comunicativas (propagandas, piadas, provérbios...). Faz-se, portanto, necessário gerar propostas concretas e viáveis de mudança. Esse caminho propositivo deve ser vivenciado no âmbito das relações com nosso próprio corpo, na casa, rua, bairro, cidade, país, mundo... Importa questionar, propor e agir de forma interativa.

## Elementos implicados na análise das relações sociais e de gênero

Uma leitura bíblica, que trabalha com a categoria de gênero, observa alguns elementos no texto que ajudam a entender a realidade das relações sociais que estão tecidas na vida do texto e na vida que o texto reflete. Um desses elementos é o símbolo.

### Símbolos

Fazem parte da cultura de todos os povos, de cada povo e de cada pessoa particularmente. Eles evocam representações múltiplas, expressam experiências pessoais e sociais profundas. Um símbolo encobre/descobre toda a riqueza de um texto e, assim, expressa sua história pessoal, social e comunitária que está veiculada. Por meio de símbolos também podemos conhecer as relações de poder na organização sociocultural.

Vejamos um exemplo: se lermos o texto de Ex 2 com chave simbólica, perceberemos que as *parteiras* representam e apresentam uma realidade de poder e conflito com o império faraônico, porque nesse relato fica claro que o império teme o poder de mulheres, poder expresso mediante a força e o mistério do útero e do parto. Gerar/parir e ajudar a parir são símbolos de utopia e esperança libertadoras; o império reage com imposição, controle e morte, porque quer impedir o nascimento de crianças que simbolizam esperança e libertação. As parteiras figuram, aqui, também como protagonistas da desobediência civil e, com isso, possibilitam todo germinar de uma história libertária.

Com a chave simbólica podemos fazer algumas observações na abordagem do texto:

- perceber quais os principais símbolos utilizados, tanto em relação a mulheres quanto a homens, buscando entender a construção da identidade de gênero e — caso esta seja opressora — a superação de tal identidade culturalmente estabelecida por meio dos símbolos;

- entender e aprofundar o(s) sentido(s) de um símbolo, tanto no contexto bíblico quanto nos dias de hoje;

- notar quais imagens de "feminino" e "masculino" que um símbolo produz ou reproduz, e como elas vão fazendo história em nossos corpos;

- descobrir símbolos e imagens que um texto usa para falar de Deus — "masculinos", "femininos" ou "neutros" —, e se são usados para engendrar processos de libertação ou opressão para mulheres e homens.

## Processo de desconstrução e reconstrução

Para percebermos a profundidade, fecundidade ou esterilidade das afirmações de um texto, devemos expô-lo a um outro elemento decisivo na análise, que é a tentativa de desconstruir e reconstruir o texto. Na desconstrução, é necessário perceber a dinâmica das relações de poder entre os diversos personagens e grupos mencionados no texto, a fim de entender que as atribuições e características dadas a homens e mulheres fazem parte de uma construção sociocultural.

Nesse processo, e para podermos reconstruir a história, precisamos valer-nos também de elementos hermenêuticos que nos ajudem a entender o texto ou certas afirmações nele contidas. Um elemento é a *intratextualidade*, que significa ver como o próprio texto se entende a si mesmo; ver como o texto se constrói, sua estrutura, os detalhes das palavras utilizadas, se há alguma contradição, se ele usa termos sinônimos... Outro elemento é a *intertextualidade*, que se baseia em verificar e buscar mais informações sobre o tema ou personagem em outros textos bíblicos. O terceiro elemento é a *extratextualidade*, a qual constitui o exercício de ler outros textos, sejam apócrifos (testemunhos de fé não-canonizados), sejam escritos e documentos procedentes do mundo contemporâneo do texto, que tratam do mesmo tema. No que diz respeito à abordagem de textos neotestamentários, esse esforço nos ajudará a compreender melhor a realidade sociocultural e religiosa do mundo da época, bem como as diferenças e semelhanças entre testemunhos judaico-cristãos e de outras religiões e ideologias. E aí poderemos reconstruir o texto, significando-o para sua e nossa realidade.

Para esse processo, também fazemos perguntas importantes ao texto, como:

- Que tipo de homem e/ou mulher é apresentado e projetado pelo texto e qual a função dessa apresentação? Quais são as falas, as ações, as atribuições e características, as funções, silêncios e omissões da mulher e do homem?

- Quais são os conceitos e preconceitos em relação a mulheres e homens no texto, no contexto literário e social? Como se refletiram (ou não) sobre essa construção de identidades nas interpretações e nas pregações sobre o texto?

- Como acontecem as relações de gênero no texto? Como se relacionam mulheres e homens, mulheres e mulheres, homens e homens? Existem relações silenciadas ou invisibilizadas?

- Como textos extrabíblicos enriquecem a compreensão da realidade de vida presente e refletida no texto e em seu contexto?

- Se o texto foi interpretado tradicionalmente de modo a requerer e a legitimar opressão e subordinação de mulheres, crianças e homens empobrecidos, é possível fazer uma (re)leitura libertadora dele? Como seria possível?

- A partir da dinâmica libertadora da Palavra de Deus, como podemos criticar e rejeitar as dinâmicas de opressão, presentes no texto e em sua interpretação?

- Como o texto pode ser significativo para nós, hoje?

## Relação de poder

Uma leitura bíblica feminista libertadora que utiliza a categoria de gênero pergunta, necessariamente, pela construção e dinâmica das relações de poder. Isso implica também que estará analisando a realidade e os textos na inter-relação de gênero, classe, raça/etnia, observando inclusive as experiências e os conflitos entre as gerações. Perceber o rosto e a história de personagens e sujeitos históricos não é apenas um desafio, mas uma necessidade, porque lemos os textos bíblicos a partir da nossa vida, de nossos clamores e anseios por tempos de graça e paz mediante a justiça. E nisso notamos que os sujeitos históricos — mesmo quando negados ou invisibilizados pela história e pelas interpretações oficiais — são na maioria mulheres e crianças, tanto na luta cotidiana pela sobrevivência quanto na luta reivindicatória em movimentos sociais e eclesiais. São elas que vão desconstruindo e reconstruindo vida e texto. São tantos textos, tantas vidas, bíblias...

## Epistemologias opressoras e novas propostas

Refletir sobre epistemologia é perguntar pelos nossos modos, jeitos e lugares de construção, de conhecimento. A epistemologia androcêntrico-patriarcal foi a que mais marcou a história em todos os tempos, e continua sendo construída. Ela é responsável pela sustentação e legitimação da opressão e dominação de mulheres e outras minorias qualitativas. Vejamos algumas de suas características, que são profundamente criticadas e rejeitadas por hermenêuticas feministas.[2]

Dentre as características centrais dessa epistemologia criticada estão: ser *essencialista*: a "essência humana" corresponde à realidade anterior à "queda" de Adão e Eva; *monoteísta*: modelo divino centralizador — a pessoa não participa do processo, mas é "joguete"; a imagem de Deus é exclusivamente patriarcal; *androcêntrica,* linguagem que reproduz a "superioridade" masculina — centrada em experiência de homens; invisibilização de mulheres; *verdades eternas*: o que se disse uma vez é válido para sempre e para todos os lugares; *dualista*: bem/mal, sagrado/profano, homem/mulher, boa sexualidade/ má sexualidade...

Para a construção de uma epistemologia feminista, aplicada ao campo bíblico-teológico, é importante refletir e trabalhar alguns aspectos, para os quais se destaca o pressuposto básico de que conhecer é experimentar. Torna-se necessário, pois,

---

[2] Baseamos nossa abordagem no livro de Ivone Gebara, *Teologia ecofeminista*: ensaio para repensar o conhecimento e a religião. São Paulo, Olho d'Água, 1997.

recuperar a *experiência humana* e com isso situar-nos na tradição de nossos antepassados/as. Outro desafio e necessidade é afirmar essa experiência humana, integrando-a experiencialmente à Terra, ao Cosmo, como fazendo parte do todo, num processo de reciprocidade e interdependência. Outro aspecto é resgatar a *corporeidade* como referencial epistemológico e verificar as marcas de história e teologia encravadas no corpo de mulheres. O gênero e a ecologia tornam-se mediações para a compreensão e interpretação do mundo e do ser humano. "O masculino não pode mais ser sinônimo de humano e de histórico e o ecológico não pode mais ser considerado um objeto da natureza a ser estudado e dominado pelo homem" (Gebara, 1997, p. 68).

Para responder aos desafios de uma nova epistemologia, é preciso compreender que ela seja *contextual*, não absolutizando experiências/conhecimento, mas desenvolvendo aberturas para horizontes e articulações mais amplos. Ela será *holística,* no sentido de que não somos apenas um todo, mas o todo também está em nós. Portanto, é necessário considerar do mesmo modo as *múltiplas* capacidades cognitivas que existem em nós, não de uma forma universalista nem unicista, mas procurando "alargar a tenda". Outro fator decisivo para uma nova epistemologia é reconhecer que, outrossim, a *afetividade* integra nossa maneira de conhecer. Por isso, é essencial perceber que emoções se manifestam em mulheres e homens, em sua originalidade pessoal, em seus condicionamentos e sua cultura. Assim, natureza e cultura formam um conjunto de razão e emoção. Por fim, é importante mencionar ainda que uma epistemologia feminista reconhece a *inclusividade* como um desafio e uma tarefa na construção de conhecimento. É indispensável reconhecer a diversidade de experiências tanto no cognitivo quanto no ético, reconhecer diferentes saberes. Com isso, podemos contribuir para relativizar uma pretensão de dominação por meio do conhecimento e das ciências.

Concluindo: ler textos bíblicos numa perspectiva feminista é questionar profundamente as concepções androcêntricas e patriarcais que perpassam nossas milenares experiências, seus textos e suas interpretações. Pois essas concepções não visibilizaram a maioria do gênero humano — que são as mulheres e as crianças — e vão fazendo história em nossos corpos, com suas várias expressões... Por isso, também na teologia, uma perspectiva feminista deve avaliar criticamente todos os textos que são normativos para instituições religiosas, sejam eles bíblicos, sejam dogmáticos. Devemos perguntar pelos critérios de canonização dos textos bíblicos e pelos processos conciliares, seus participantes e suas decisões, no jogo de interesses sociais, políticos e eclesiásticos... porque direta ou indiretamente eles marcaram por meio de normas, dogmas e espiritualidade toda nossa vida e de milhares que nos precederam em histórias de opressão e movimentos de resistência e libertação.

## Resumindo e colocando estacas para alargar as tendas

Para os referenciais básicos de hermenêuticas feministas, destacamos que:

- textos sagrados são *testemunhos de fé* vivida em determinado contexto histórico-cultural;

- experiências de *vida* são porta de entrada para a leitura e compreensão dos textos dentro de seus contextos;

- é necessário *resgatar* a importância concreta dos nossos *corpos históricos* com todas suas experiências, de forma holística;

- é preciso recuperar a importância e vitalidade do *cotidiano* ligado às esferas privadas e públicas, em todas suas dimensões sociais, culturais, econômicas, afetivas etc.;

- é essencial romper com o *silêncio* sobre as experiências de opressão e resistência/libertação vivenciadas nas relações de gênero;

- é indispensável utilizar, além dos instrumentos exegéticos, a *categoria de análise* de gênero para elaborar um processo de desconstrução e reconstrução.

Para uma leitura bíblica feminista libertadora, esses referenciais hermenêuticos significam e implicam:

- *visibilizar* as histórias e os corpos de mulheres e outras minorias qualitativas nas suas múltiplas relações;

- *desmascarar* o silêncio e a ausência de mulheres e outras minorias qualitativas;

- *questionar* as falas e normas androcêntrico-patriarcais sobre funções de mulheres e outras minorias qualitativas;

- *analisar* as funções libertadoras ou opressoras presentes no texto;

- *perguntar* pelos efeitos históricos do texto na construção das múltiplas relações;

- *conhecer e (re)construir* outras imagens de Deus e maneiras de relacionar-se com Deus;

- *elaborar* uma ética que afirma a vida como valor absoluto, buscando construir novas relações de gênero e afirmando a interdependência de todos os elementos da criação.

# 2
# Experiências de mulheres em textos do Primeiro Testamento

## Sociedade patriarcal

O Primeiro Testamento é fruto da sociedade patriarcal que existia tanto no Israel Antigo quanto em outros povos daquela época. Por isso, muitas narrativas são reflexo desse contexto. Ao mesmo tempo, há experiências e narrativas que são expressão contracultural, um princípio de despatriarcalização em ação que desafiava as estruturas dominantes.

O material escrito, que temos disponível, foi transmitido principalmente por homens, numa perspectiva androcêntrica. Também a interpretação dos textos tem sido feita, durante séculos, nessa perspectiva patriarcal de dominação das mulheres. Somente há algumas décadas as mulheres e alguns homens realizam uma (re)leitura crítica e feminista desses textos. Temos aí alguns avanços significativos.

Esse novo modo de abordagem metodológica e hermenêutica tem favorecido um processo de visibilização de mulheres, crianças e homens empobrecidos em suas múltiplas relações, seja em casa, seja na sociedade, no trabalho ou na religião, em diversos estágios da história do povo de Israel.

Normalmente se faz uma abordagem das mulheres na Bíblia hebraica começando pela esfera doméstico-familiar, afirmando assim a subordinação destas nas estruturas patriarcais. Sobre isso, já há muitos estudos e escritos. Gostaríamos de fazer outra tentativa: a de começar a visibilizar mulheres na esfera pública, acompanhando em parte o itinerário de Grace I. Emmerson.[1]

## Protagonismos de mulheres

Partimos do pressuposto de que nem tudo que foi vivido foi escrito. A presença e a participação das mulheres em processos de organização da vida sociocomunitária e da resistência em face de mecanismos e sistemas de opressão foram silenciadas muitas vezes. Mas nem sempre isso pôde ser feito. As mulheres não puderam ser caladas quando sua atuação foi um marco fundante e relevante para o povo e para sua história. Sabemos que para a história do povo de Israel, bem como para a da Igreja cristã, existem certos momentos fundadores de uma nova orientação histórica. Temos aí vários exemplos. Gostaríamos de lembrar alguns deles.

Sabemos que a libertação dos escravos e das escravas, no Egito, foi muito importante para o povo de Deus. Moisés desempenhou aí papel central. Mas tudo isso não seria possível se não fossem as parteiras Cifrá e Puá que, com sua ação desobediente e de transgressão à vontade do Faraó, abrem a história salvífica, não matando os meninos hebreus recém-nascidos (Ex 1,15-22). O mesmo vale para a mãe de Moisés, sua irmã, a criada da filha do Faraó e a própria filha do Faraó que, arquitetando um plano subversivo, salvaram a pequena criança chamada Moisés (Ex 2,1-10).

Igualmente importante para o povo de Deus foi a chamada "tomada da terra" após a saída do Egito e caminhada pelo deserto. Moisés morrera, e Deus ordenou que Josué organizasse

---

[1] EMMERSON, Grace I. Mulheres no antigo Israel. In: CLEMENS, R. E. *O mundo do antigo Israel*: perspectivas sociológicas, antropológicas e políticas. São Paulo, Paulus, 1995. pp. 353-375.

o povo para tomar posse da terra além do Jordão, destinada ao povo de Israel. Tudo estava pronto. Mas faltavam a presença e participação imprescindível de alguém muito especial: a prostituta Raabe, de Jericó, na divisa com a terra prometida. A casa de Raabe ficava no muro da cidade, de onde muito bem poderia ser observado todo o movimento dentro e fora da cidade. Raabe hospedou os espias hebreus e deu-lhes retaguarda necessária para poderem realizar seus planos. Por isso, também ela e sua casa entraram para a bênção do Senhor (ler Js 2,1-6.27).

Esses textos, pois, tornam-se paradigmáticos para afirmar que no início de novas e importantes fases na história do povo de Deus, mulheres estão ativa e inteligentemente presentes, transgredindo a lógica dominante e resistindo para criar possibilidades originais de vida.

## Mulheres no governo monárquico

São poucas as passagens referentes a mulheres governantes. Is 3,12 afirma que mulheres estão à frente do governo do povo. Mas para o profeta isso é sintoma de uma sociedade desorganizada, aliás, não muito diferente de Cícero, séculos mais tarde, para o qual a idéia de mulheres participando da vida pública e política era o caos.

O termo "rainha" é usado poucas vezes no Primeiro Testamento, ao contrário do termo "rei". É aplicado a mulheres de famílias reais de outros povos, como no caso da rainha de Sabá (1Rs 10,1-13). O termo também é usado com Vasti e Ester (Est 1,10–2,23). E ainda conhecemos algumas rainhas-mães que não governam diretamente, mas podem interferir no governo por meio do poder outorgado a seus filhos: Maaca (1Rs 15,9-13), Neusca (Jr 13,18; 29,2). A rainha-mãe Bate-Seba, mãe de Salomão, carece de autoridade própria, necessitando interceder com seu filho (1Rs 2,19-25). Jezabel, princesa estrangeira, que tem autoridade pública e uma certa riqueza pessoal, governa com seu marido, o rei Acabe. Sua atuação é de perseguição aos profetas do Senhor, e também Elias fugia diante de seu poder (1Rs 18,1-19; 19,1ss; 2Rs 9,34). Outra mulher que assumiu o governo após a morte de seu filho Acazias é Atália (2Rs 11,1-16; 2Cr 22,10-23), mas ela não recebe o nome de "rainha".

Interessante observar que essas menções de mulheres atuantes em governos monárquicos fazem parte de narrativas de hostilidade, de atuação contra o povo de Deus, inclusive com muitos conflitos internos nas famílias reais. Há, portanto, um tom negativo que perpassa praticamente todos esses textos.

## Mulheres na profecia

O movimento profético é grande e marcante na história de Israel. Mulheres profetisas também são nominalmente mencionadas, apesar de serem poucas.

Uma delas é *Míriam*,[2] a profetisa que participa do movimento de libertação do povo hebreu do Egito. Ela entoava seu cântico com o som de tamborins e a dança de todas as mulheres (Ex 15,20-21). Seu cântico cabe num versículo, enquanto o de Moisés é enorme (Ex 15,1-19). Será que isso é sinal de que a historiografia da libertação é androcêntrica, visto que Míriam e seu irmão Aarão têm uma disputa com Moisés (Nm 12,1-15)? Somente Míriam recebe punição, apesar do tom de compaixão (Nm 12,12) e de respeito, solidariedade e apoio (Nm 12,15) que transparece. Temos aí conflitos de lideranças?

Conforme Jz 4,4, *Débora* é profetisa e juíza na comunidade. É seu também o cântico de Jz 5,2-31. Sua autoridade era ple-

---

[2] Em algumas traduções bíblicas, como a Bíblia de Jerusalém, Míriam é chamada Maria. (N.E.)

namente aceita, o que testemunha que a questão sexual do ponto de vista biológico não é empecilho para o exercício da profecia. Trata-se mais de uma questão de gênero. É ela quem toma iniciativa para exortar Baraque diante de dificuldades militares.

É comum na historiografia androcêntrica que nomes e atuações de mulheres apareçam de repente na cena e imediatamente desapareçam. Isso acontece com a profetisa *Hulda* (2Rs 22,14-20). Sua fala é extensa, sua profecia, vigorosa! Mas em comparação com seus companheiros profetas Jeremias e Sofonias, foi pouco o que se guardou dela por escrito. Seu oráculo é tão importante quanto o de outros profetas. Não há, diretamente, nenhum preconceito contra mulheres profetisas no Primeiro Testamento, as quais são muito respeitadas.

Mulheres não estão excluídas da profecia por causa de seu sexo. Aparecem de forma representativa. Tanto a função profética de Débora quanto a de Míriam e de Hulda não estão relacionadas com papéis tradicionais femininos, mas com a sobrevivência do povo de Israel. Conforme Jl 2,28-32, mulheres e homens estão incluídos na expectativa futura e no exercício profético. É somente na época do exílio e pós-exílio que aparecem palavras de exortação a essa função. Trata-se de Ez 13,17-23, que se dirige contra um grupo de profetisas que provavelmente estão envolvidas com magia. A admoestação, porém, volta-se igualmente a profetas homens (Ez 13,1-16).

## Mulheres na Sabedoria

Enquanto as mulheres profetisas aparecem com nome, as mulheres "sábias" (em hebraico: *hakamah*) são anônimas. O mesmo acontece geralmente em relação aos homens "sábios" no Primeiro Testamento. Esse título é muito usado na época dos juízes e no início da monarquia. Quem o recebe é pessoa cuja função tem reconhecimento na comunidade. Em Ex 35,25, mulheres sábias são as que sabem preparar coisas com as próprias mãos, para ofertar a Deus. Em Jr 9,17, mulheres são chamadas de sábias no contexto profético da ameaça de ruína do povo que está adorando outros deuses: são elas, com os homens sábios e as carpideiras, que devem entender e lamentar o que está acontecendo. Temos, nessas duas passagens, uma menção geral a mulheres sábias.

Há, no entanto, passagens específicas que falam de duas mulheres sábias. Também elas são anônimas, mas recebem o título *hamakah* e menciona-se a aldeia na qual moram e atuam.

A primeira é a "sábia de Tecoa" (2Sm 14,1-24): intercederá ao rei Davi por Absalão, filho do rei. Ela fala em forma de parábola, fazendo-se de viúva e mãe de dois filhos que na verdade representam os filhos do rei, Ammon e Absalão. Eles tinham uma irmã chamada Tamar, que foi violentada sexualmente por Ammon. Esse foi o motivo por que Absalão mandou matar Ammon e depois fugiu. A mulher sábia de Tecoa, sob orientação de Joabe, servo de Davi, fala com o rei e consegue que este perdoe seu filho Absalão, o qual pôde retornar para casa.

A segunda é a "sábia de Abel-Bete-Maaca" (2Sm 20,1-22). Em razão de conflitos entre alguns homens líderes, o exército de Joabe, a serviço de Davi, cercou a cidade de Abel-Bet-Maaca, onde havia entrado o exército de Seba, inimigo de Davi. Quando a aldeia estava cercada, e todos seus habitantes seriam mortos, uma mulher sábia decidiu agir para salvar seu povo. Foi e falou com Joabe, apresentando-se como sábia, pacífica, fiel e mãe em Israel (2Sm 20,18-19). Sua intervenção salvou seu povo, em troca da cabeça de Seba.

A função político-social da mulher sábia baseava-se na sua obrigação de mãe, que era instruir os filhos e as filhas. Essa função foi ampliada ao âmbito da aldeia ou cidade, assumindo proporções políticas. Há, nisso, indícios de traços igualitários no javismo original, em que homens e mulheres, com sabedoria, decidiam sobre o destino de seu povo.

## Mulheres na comunidade de fé

É comum e freqüente ouvirmos e lermos a respeito da discriminação da mulher na vida cúltico-religiosa no judaísmo. Sem dúvida, como em todos os sistemas patriarcais, ela estava presente também na vida religiosa. Aqui, no entanto, cabe ressaltar ainda as experiências de participação de mulheres nesse âmbito de vida.

Sabe-se que algumas leis somente exigem a participação de homens nas três grandes festas anuais: a Festa dos Pães Ázimos, a Festa das Semanas e a Festa dos Tabernáculos (Dt 16,16; Ex 23,17). Essa exigência, no entanto, não significa que as mulheres estejam proibidas de participar (Dt 16,10-11.14). A Lei provavelmente leva em consideração a realidade de muitas mulheres que estão impossibilitadas de peregrinar nesses tempos em virtude de nascimentos ou cuidados com crianças pequenas. Por isso, não lhes cobra obrigação como do homem.

A Lei expressa que mulheres participam de festas religiosas e de sacrifícios (Dt 12,12; 12,18). Elas tomam parte também da cerimônia da Aliança (Dt 29,10-13) e são chamadas a observar a Lei do Senhor (Dt 31,12). Essa igualdade perante a Lei é traço característico do Deuteronômio e tem vigência no período do pós-exílio (2Cr 15,12-13; Ne 8,2).

Dentro da sociedade patriarcal, esperava-se que o homem, como chefe de família, trouxesse a oferta de sacrifício, mas isso da mesma maneira era destinado a mulheres (Lv 12,6; 1Sm 1,24). Lv 12 trata especificamente dos ritos de purificação da mulher após o nascimento de crianças e, assim, explicita também a participação das mulheres nos cultos e celebrações religiosas. A oferta por nascimento de menino e menina é idêntica (Lv 12,6), porém o período da impureza após o nascimento de menina é o dobro do de um menino (Lv 12,1-5). Exegetas cristãos entendem tal fato, normalmente, como discriminação de mulheres. Feministas judias, no entanto, interpretam-no de maneira diferente, e uma outra maneira de entender pode ser: visto que, para a fé do povo judeu, Deus está intimamente presente em todo o processo da gestação de crianças, a "impureza" após o nascimento dava-se por causa do envolvimento da mulher nessa obra da divindade, o que implica uma *idéia de santidade*. Então, o período da "desenergização" é duas vezes maior para o nascimento de uma menina, porque ela no futuro torna-se capaz de gerar e, igualmente, participar desse processo de criação. Em relação à impureza, veja-se ainda que tanto mulheres quanto homens têm seus períodos (Lv 15).

Toda essa questão cultural do conceito de impureza não impedia a mulher de participar da vida religiosa. Aliás, a própria declaração da impureza é parte do exercício religioso. Explicitamente, o Primeiro Testamento menciona uma "ordem religiosa", da qual participavam por igual mulheres e homens. Trata-se dos "nazireus", cuja consagração implicava voto especial (Nm 6,1-21).

Além disso, sob o ponto de vista religioso-cultural, os textos relatam *hierofanias* vivenciadas por mulheres. Lembremo-nos de Agar e da sua experiência com o anjo de Deus (Gn 21,15-21). Deus também se revela para a mulher anônima, esposa de Manoá e mãe de Sansão (Jz 13,2-24). Do mesmo modo Ana, que subia à Casa de Deus e teve uma profunda experiência religiosa, a qual motivou o seu cântico (1Sm 1,9-2.10).

- ■ Procure listar outras *hierofanias* vivenciadas por mulheres, em outros escritos bíblicos.

Apesar de todas essas experiências, havia um espaço e domínio central do qual mulheres não participavam. Culticamente, elas estavam excluídas do sacerdócio, em razão principalmente da pureza ritual (Lv 21,1-24), se bem que em certas circunstâncias as mulheres das famílias sacerdotais podiam comer das "coisas santas" separadas para os sacerdotes (Lv 22,13).

## Mulheres nas periferias

O Primeiro Testamento relata sobre mulheres na *prostituição*. Elas se encontram em praças públicas, são reconhecíveis pela roupa e negociam os termos de seu trabalho com os clientes (Gn 38,14-16; Ez 16,25-31; Pv 7,10). Mesmo sendo tolerável, há grande embaraço em relação à prostituição (Gn 38,23) e as leis a desaprovam (Lv 19,29; 21,9).

Outra situação de marginalização de mulheres, bem como de homens e crianças, é a *escravidão* (esse assunto será aprofundado mais adiante, quando falarmos da questão legal e do Jubileu). Distinguem-se dois tipos de escravas: a *shiphah*, que é a escrava geralmente virgem e que está a serviço da mulher/patroa (Gn 16,1ss; 29,24.29; Is 24,2; Sl 123,2; Pv 30,23), e a *amah*, que é a escrava que pertence a seu patrão, também como concubina (Gn 21,10-13; Jz 9,18; 19,19; Ez 23,12). Assim se explica por que, no caso de Agar, primeiramente é Sara que tem autoridade sobre ela e a expulsa (Gn 16) e depois é Abraão que possui domínio e responsabilidade sobre ela (Gn 21).

Havia também a realidade de mulheres como *prisioneiras de guerra*, o que vemos claramente em Jr 38,22-23 e Dt 21,10-14.

## Mulheres na família

O contexto social do Primeiro Testamento é patriarcal. O mesmo vale para a família: o *status* legal da mulher era de *dependência* em relação ao pai e depois ao marido. Era o pai ou o marido quem decidia sobre todos os assuntos de ordem familiar. Em casos de abusos sexuais cometidos com moça virgem ou mulher grávida, o indenizado era o pai ou o marido, e não diretamente a mulher (Ex 21,22; 22,16-17).

Outro assunto delicado é a questão de *herança*. A mulher ficava em desvantagem: a esposa não herdava do marido nem as filhas herdavam do pai, a não ser que não houvesse filho homem (Nm 27,6-11). Mas nem tudo se adapta à lei, como o demonstra a história de Noemi (Rt 4,3), que é viúva-herdeira (veja também Jz 17,2ss).

Em relação ao *casamento*, é difícil ter uma visão única. As leis e as experiências são várias. Devemos entender o marido (*isch*) como "senhor" (*baal*) da esposa, e a esposa como propriedade do marido? O que significa o *mohar* ("preço da noiva")? Afirmam feministas judias que é inadequado conceber a esposa como propriedade do marido. Sabe-se que, em caso de necessidade, o dono da casa podia vender escravos e até mesmo os filhos e filhas (Ex 21,7; Ne 5,5), mas não a esposa, nem a esposa-escrava (Ex 21,8-11), nem a esposa-prisioneira de guerra (Dt 21,14). Na literatura sapiencial, quem deve obedecer ao dono da casa são os filhos, não a esposa.

Se estudado mais a fundo, o *mohar* pode ser entendido como "presente de casamento". Esse termo aparece três vezes na Bíblia hebraica: Gn 34,12; Ex 22,17; 1Sm 18,25. Tal presente era dado pelo noivo ao pai da noiva, provavelmente como compensação pelo trabalho que a filha fazia em casa: vigiar rebanho, trabalhar no campo, cozinhar e tecer. O *mohar* era dado ao pai, mas pertencia de fato à moça (veja que Raquel e Lia falam de "nosso dinheiro", em Gn 31,15). O pai poderia aplicar o dinheiro e tinha direito sobre seu rendimento, mas quando ele ou o marido morresse, o dinheiro ficava com a mulher/viúva.

O casamento era a norma. A monogamia era mais comum que a bigamia ou poligamia. Tanto as filhas quanto os filhos eram amados. Mas, por razões práticas, os filhos recebiam maior destaque e valorização, visto que eram as filhas que, quando se casavam, se juntavam à família do noivo, enfraquecendo a sua própria família.

A instrução dos filhos e das filhas era responsabilidade da mãe, pelo que lhe cabia respeito, obediência e amor da mesma forma como ao pai (Pv 1,8ss; 6,20; Lv 20,9; Dt 27,16; Ex 20,12; 21,15-17).

Dependência e desigualdade da mulher vêm à tona de modo mais expressivo na questão do *divórcio*. Esse era um direito restrito do homem. (Veja, no entanto, o relato em Jz 19,2 quanto ao contexto!) O motivo principal era o adultério, segundo a legislação mais antiga (Os 2,4; Jr 3,8; Dt 24,1-4). Há textos, porém, que exercem oposição à prática do divórcio (Ml 2,14-16; Pv 5,15-19), e a lei mais recente prevê não o divórcio, mas a pena de morte para ambos que praticam adultério (Dt 22,22-27). Divorciada, a mulher normalmente retornava à casa do pai.

## Ideais de igualdade

Ao lado das relações de dependência e subserviência, encontramos textos que expressam e reivindicam claramente uma relação igualitária entre homens e mulheres. Esse princípio despatriarcalizante encontra-se na história da Criação (Gn 1–2). Mulher e homem são pensados e criados somente por Deus, e ambos são sua imagem e semelhança. A mulher é a *ezer* do homem, o que não significa "ajudadora", como alguém que está em segundo plano ou a serviço, mas sim em relação de igualdade com o homem. Nesse contexto, Gn 3,16 não é abertura para a supremacia do homem, mas sintoma de desordem na criação, de ruptura relacional com Deus. Isso deve ser superado mediante a restauração da igualdade.

Tal restauração é louvada no Cântico dos Cânticos, onde se apresenta o reverso de Gn 3,16 e onde o "pecado" é vivenciado como afirmação da reciprocidade e do prazer. Aí não há subserviência de ninguém. Homem e mulher são sujeitos que tomam a iniciativa e respeitam-se mutuamente na expressão máxima do amor.

A construção da igualdade e o princípio da despatriarcalização também estão presentes nos textos que expressam várias e diferentes possibilidades de compreensão de Deus. A imagem de Deus não se concentra apenas na figura do Pai. Temos também imagens ricas que falam de Deus como uma Mãe que protege, ama e ensina suas filhas e seus filhos (Os 11,1-4; 13,8; Is 49,15; 66,13). Além disso, existem imagens de Deus não como um ser biologicamente determinado, mas como força e energia: "refúgio e fortaleza" (Sl 9,9; 46,1), entre outros.

A seguir apresentaremos, como exemplo de trabalho exegético, um texto elaborado em conjunto com Haroldo Reimer.[3] O texto analisa a *situação legal* da mulher no Primeiro Testamento a partir de um estudo de dois textos: um do Código da Aliança e outro do Código Deuteronômico.

---

[3] A base desse trabalho encontra-se em REIMER, Haroldo & REIMER RICHTER, Ivoni. *Tempos de graça*: o jubileu e as tradições jubilares na Bíblia. São Paulo/São Leopoldo, CEBI/Paulus/Sinodal, 1999; essa análise foi aprofundada e publicada por Haroldo em *Revista de Interpretação Bíblica Latino-Americana (RIBLA)*, Petrópolis/São Leopoldo/São Paulo, Vozes/Sinodal/Imprensa Metodista, vol. 37, pp. 116-127, 2000.

# 3
# Leis e relações de gênero no Êxodo e Deuteronômio

## Apontamentos sobre Ex 21,2-11 e Dt 15,12-18

As leis espelham relações sociais dominantes na sociedade. Refletem também reivindicações e projeções de determinados grupos. Leis não podem simplesmente ser identificadas com a realidade social. Avanços e/ou retrocessos dentro da legislação, porém, em geral indicam possíveis mudanças nas próprias relações sociais.

Isso também acontece na legislação bíblica.

Vamos enfocar dois textos legislativos da Bíblia hebraica em que ainda se pode perceber e reconstruir, além das relações sociais e de poder por trás das leis, as relações de gênero. Os textos pertencem a dois códigos de leis da Torá hebraica: o Código da Aliança e o Código Deuteronômico. Trata-se de Ex 21,2-11 e Dt 15,12-18, que se referem à lei de libertação de escravos e escravas no sétimo ano, chamado de "ano sabático". Neles há diferenças em relação à libertação de homens e de mulheres.

## Problemas de fundo

As dívidas econômicas e as complexas relações construídas a partir delas é que colocam o problema de fundo de ambos os textos. Tais relações de dívidas entre hebreus, bem como as exigências do estado tributário, estão também por trás de outros textos da Bíblia, em que o tema do empobrecimento e da escravização de pessoas é tematizado.[1]

Vários estudos têm demonstrado que na sociedade do antigo Israel houve um incremento dos conflitos sociais desde a instalação de um governo central monárquico, a partir do século X a.E.C. Tais conflitos, acirrados pelas exigências crescentes da estrutura monárquica tributária (cf. 1Rs 12,1-15) e por novos desenvolvimentos econômicos, eclodiram de forma massiva sobretudo no século VIII a.E.C., tendo nas críticas de profetas como Amós, Miquéias e também Isaías o canal de expressão das dores do povo camponês em Israel e Judá.[2] Nesse momento histórico, temos tanto em Israel/norte quanto em Judá/sul, claramente, três níveis de relações em que se reproduz a lógica da sujeição: a) a dominação externa dos assírios, a potência estrangeira da vez; b) a ganância desenfreada da própria elite (anciãos, funcionários etc.) dentro de Israel e Judá (cf. Is 3,13-15; 10,1-3); e c) a participação oportunista de gente do próprio povo, buscando tirar proveito mediante empréstimos com juros exorbitantes, e enfraquecimento de relações de solidariedade nas aldeias ou cidades. O processo social, em desenvolvimento nesse período, desemboca em uma crescente concentração de riquezas nas mãos de alguns clãs israelitas e na exclusão de muitas outras famílias do seio da comunidade livre do povo de Israel (cf. Is 5,8; Mq 2,1-5), outrora libertado por Deus/YHWH dos grilhões da submissão faraônica.

---

[1] Cf. Hb 2,6-7; Lv 25,39-55; Pv 22,7 etc.

[2] Cf., aqui, os textos "clássicos" desses profetas no que tange a sua crítica social e econômica: Am 2,6-8; 3,10-12; 5,10-12; 8,4-7; Mq 2,1-5; 3,1-4.9-12; Is 3,13-15; 5,8-10; 10,1-3.

As dores sociais desse processo, especialmente o de endividamento, são carregadas pelas famílias camponesas empobrecidas. Há uma lógica seqüencial na ciranda que leva famílias livres para a escravidão e à conseqüente perda de liberdade e cidadania. Em geral, tudo começa com alguma "urgência social", seja um tributo a pagar, seja uma catástrofe natural que afeta a colheita, seja uma enfermidade ou morte na família. A crise da pobreza bate à porta. Para sobreviver ao momento de crise é necessário apelar para a solidariedade clânica ou submeter-se às duras regras de transações de dívidas. Estas últimas devem ter marcado o dia-a-dia de muita gente em Israel/Judá. Não podendo pagar as dívidas, por vezes oneradas com taxas de juros de 30% a 60% ao ano, o responsável pela unidade familiar deve "vender"/"entregar" algo ou alguém para o credor, até mesmo seu filho ou filha (cf. 2Rs 4,1). Se isso não satisfizer a voracidade do credor, o próximo passo é "entregar" a mulher e, finalmente, a si mesmo como pagamento da dívida. Nesse caso, extingue-se a "casa", passando o lote de terra com a família para as mãos de outro hebreu mais rico. Assim, a sua base de produção é substancialmente incrementada (mais terra e mais gente para trabalhar/produzir), afundando ainda mais o abismo social. Não podemos esquecer que todo esse processo estava, sem dúvida alguma, permeado pelas corrupções dos hebreus fortes e ricos (cf. Am 8,4-7), ligados ou não à estrutural estatal.

Tal processo social é o pano de fundo da atuação dos profetas e círculos proféticos, nesses tempos conturbados do século VIII a.E.C. É também o pano de fundo de muitas leis e, sobretudo, dos "códigos" legais de Israel/Judá que tiveram sua origem nesse período ou aí receberam validade comprometedora para todo o povo.

# Função dos códigos de leis

Em nosso entender, tanto o Código da Aliança (Ex 20,22–23,19) quanto o Código Deuteronômico (Dt 12–26) buscam regulamentar essas relações conflituosas, antes indicadas, dentro da sociedade do antigo Israel. O fato de a base social das leis ser conflitiva confere aos códigos também caráter conflitivo ou contraditório.

É certo que as leis isoladas ou pequenos conjuntos de leis, dentro desses códigos, têm uma história de tradição mais longa e complexa. Podemos até concordar com Carlos Mesters quando diz que "a *semente* de grande parte destes textos, sobretudo das leis, deve ser situada na época pré-estatal".[3] Isso vale para leis isoladas, porém o código ou os códigos mencionados têm um momento originário mais específico e tardio. É característico de um código (*codex*) de leis ser promulgado em um momento histórico determinado, embora dentro do próprio código haja leis e formulações de épocas e lugares diferentes e até de atores sociais diferentes. Isso vale tanto para "códigos" do antigo Oriente, como, por exemplo, o Código de Hamurabi, quanto para modernos como a Constituição brasileira de 1988.

Há um certo consenso para a época de surgimento dos códigos anteriormente referidos. Para o chamado Código Deuteronômico (Dt 12–26), isso é mais claro. A maioria dos pesquisadores bíblicos assume que tenha sido criado ou promulgado em Judá no contexto da "reforma josiânica", na segunda metade do século VII a.E.C., e basicamente identificado com o "livro da lei" supostamente encontrado no templo por ocasião de refor-

---

[3] Cf. Mesters, Carlos. O Livro da Aliança na vida do povo de Deus: Êxodo 10–24. *Revista de Interpretação Bíblica Latino-Americana,* Petrópolis/São Leopoldo/São Paulo, Vozes/Sinodal/Imprensa Metodista, v. 23, p. 108, 1996.

mas arquitetônicas (cf. 2Rs 22,1-11). Para o caso do Código da Aliança, a pesquisa mais antiga procura situar seu surgimento nos conturbados momentos da transição do período do tribalismo para a monarquia. Isso pode valer para muitas leis que compõem o código. Aqui, contudo, compartilhamos da perspectiva do exegeta alemão Frank Cruesemann, que situa a promulgação do Código da Aliança em fins do século VIII a.C., em Judá, após a intensa atuação dos profetas e, muito provavelmente, depois da destruição do Reino do Norte pelos assírios em 722 a.E.C. A intenção na elaboração deste código seria a de buscar frear os conflitos presentes na sociedade mediante um modelo de "pacto social" celebrado em algum tipo de cerimônia de aliança (cf. Ex 24,1-11 e 2Rs 23,1-3; Ne 5), a fim de digerir a tragédia ocorrida no Norte e buscar escapar do juízo divino no Reino do Sul.

Partes constitutivas do Código da Aliança obviamente têm uma história traditiva anterior, sendo provenientes de lugares sociais distintos, mas o momento de composição/redação e/ou promulgação desse código estaria associado aos acontecimentos desse período, possivelmente ligado à reforma do rei Ezequias. Segundo Crüsemann, com esse código Israel procura abarcar os diferentes âmbitos da vida do povo, colocando de maneira teológica as diferentes leis sob o arco de abrangência do primeiro mandamento. A comunidade que coloca sua fé neste Deus-YHWH precisa concretizar este mandamento dentro das relações sociais, visto que as leis aqui compiladas foram entendidas na forma de uma primeira Torá para esse antigo Israel.

## Leis diferentes para gêneros distintos (Ex 21,2-11)

O texto que queremos enfocar primeiramente é Ex 21,2-11, o qual é possivelmente um dos antigos da Bíblia a tematizar a questão da escravidão, ligada a uma previsão de libertação no sétimo ano.

²  Se um escravo hebreu entrar no poder da tua mão, seis anos servirá,
    mas no sétimo sairá, forro, sem nada pagar.
³ᵃ Se entrou sozinho, sozinho sairá.
³ᵇ Se era senhor de uma mulher,
    (e) sairá a mulher dele com ele.
⁴  Se o senhor dele lhe deu mulher, e ela deu-lhe filhos ou filhas,
    a mulher e os filhos serão do senhor dela,
    e ele sairá sozinho.
⁵  Se disser, o escravo:
    "Amo meu senhor e a minha mulher e os meus filhos",
    ele não sairá livre.
⁶  Então [...].
⁷  Se alguém "vender" sua filha para ser escrava,
    esta não sairá como saem os escravos.
⁸  Se ela não agradar ao seu senhor, que (ainda)
    não determinou seu destino,
    terá de permitir-lhe o resgate;
    não poderá vendê-la a um povo estranho,
    pois isso será um logro para com ela.
⁹  Mas se a determinar para o seu filho, trata-la-á conforme
    o direito das filhas.
¹⁰ Se tomar para o filho outra mulher,
    não diminuirá o mantimento da primeira,
    nem o seu vestuário,
    nem os seus direitos sexuais.
¹¹ Se não lhe fizer estas três coisas,
    ela sairá livre, sem pagamento em dinheiro/prata.

Formalmente, este texto se apresenta como direito casuístico com variantes. O estilo mostra isso claramente: "Se ... então ...". Os conteúdos principais estão nos versículos 2 e 7 e os subcasos, subordinados ao principal, encontram-se desdobrados nos versículos seguintes.

Tanto no versículo 2 quanto no 7 há negociações envolvendo pessoas em um regime de escravidão temporária. Conforme mostra uma análise dos verbos hebraicos aí utilizados, não se trata de uma ação de "compra/venda" propriamente dita, mas sim de transferência de pessoas endividadas, porém ainda livres, para o poder de algum credor. Na base da lei estão, pois, problemas de relações de dívidas. As referidas pessoas, o "escravo hebreu" (*ebed ibrî*) e a "serva/escrava" (*amah*), provavelmente são membros de alguma família camponesa, empobrecida em virtude de qualquer calamidade natural ou social, e, por isso, atolada em dívidas "até o pescoço". O que se legisla, talvez pela primeira vez na história de Israel, é que a duração de tal servidão estará limitada a um período de seis anos, devendo no sétimo ano acontecer a soltura das referidas pessoas.

Antes desse momento histórico, provavelmente o tempo de escravidão era ilimitado, podendo durar toda uma vida! Então, numa adaptação da lei do ano sabático da terra, as pessoas deverão poder sair no sétimo ano, "com uma mão na frente e outra atrás" (isso é o que significa a palavra hebraica *hinam* nos vv. 2 e 7) e, assim, tentar um recomeço.

Os versículos 2 e 7 são, pois, os títulos gerais desses parágrafos da lei. São a "manchete", que tem desdobramentos nos casos subordinados, indicados nos versículos seguintes (vv. 3a, 3b, 4, 8 e 9). Dentro da proposição geral dessa lei da libertação de pessoas escravas no sétimo ano, faz-se uma diferença grande em termos de gênero. Para os escravos homens, a lei vale de forma total, sendo restrita somente pelos subcasos. Enquanto para as mulheres escravas, a lei geral da libertação no sétimo ano *não* tem validade (cf. v. 7: "[...] esta *não* sairá como saem os escravos"). A lei, portanto, faz grande acepção de pessoas em termos de gênero.

# A mulher escrava

Essa acepção de gênero e a discriminação da mulher escrava provavelmente estão baseadas no modo dominante das relações sociais de gênero na sociedade do antigo Israel, em particular no século VIII a.E.C. De forma geral, pode-se dizer que a situação da mulher israelita é descrita em referência a um homem. Durante toda sua vida, a mulher encontra-se praticamente sob a tutela de algum homem, seja o pai, seja o marido, ou algum irmão. Somente em poucos casos, como mãe ou viúva, é que respondia por si mesma (cf. Rute). De acordo com as genealogias da Bíblia hebraica, a família está organizada de modo *patri linear* e *patri local*. O local de moradia era determinado pelo homem (*pater familias*), sendo a mulher e os filhos dependentes do marido e pai, respectivamente. O direito à herança orienta-se também pelos homens, sendo concedido às mulheres somente em casos excepcionais (cf. Nm 27,1-11 e Nm 36). A questão da herança, outrossim, era limitada pelas leis de casamento: dificultava-se a união com alguém de fora do grupo tribal. De forma geral, as mulheres ocupam, pois, um espaço subalterno e dependente dentro da estrutura familiar e social patriarcal do antigo Israel. Aqui e ali, porém, a mulher israelita também tem direitos e são vários os textos — como vimos anteriormente — em que é apresentada em papel de protagonista.

No caso da lei que procuramos enfocar, a tendência dominante do texto é a de sedimentar relações de subordinação da mulher (v. 7). Por essa razão não lhe é concedido o direito de libertação incondicional no sétimo ano. Na descrição de um subcaso, busca-se, contudo, amenizar sua situação dentro da casa patriarcal do credor a que foi "vendida" ou entregue. Isso se verifica no "miúdo da letra da lei".

Na estrutura de Ex 21,2-6, fica claro que os versículos 3a, 3b e 4 constituem três casos subordinados ao caso principal no versículo 2. Os versículos 5-6 são incisos subordinados ao terceiro subcaso tratado no versículo 4. Os subcasos estabelecem ressalvas condicionais para a afirmada soltura no sétimo ano. Ex 21,3a trata do caso de um homem escravo (jovem?) solteiro e o versículo 3b, de um homem casado. Assim como entraram na servidão, também poderão sair. Neste último caso, a mulher é referida como dependente do marido empobrecido e submetido à escravidão temporária. Ela o acompanha na sua trajetória de empobrecimento e perda de liberdade e cidadania. Ex 21,4 já pressupõe a afirmação do versículo 7 de que a mulher escrava ficará na condição de escravidão por toda a vida. Postula-se aí o direito do credor/senhor por haver "dado" (*natan*) uma mulher para o homem/jovem escravo. Se dessa união a mulher "parir para ele" (= o homem escravo) filhos ou filhas, estes e estas serão "para o senhor dela", isto é, pertencerão ao patrão/credor (*pater familias*). Nesse caso, a lei afirma a predominância dos direitos patriarcais do chefe/patrão familiar. Em relação a este, o escravo homem perde os seus direitos sobre a mulher e os filhos. A mulher/jovem escrava claramente é usada como âncora para sedimentar as relações de subordinação dentro da casa patriarcal.

Essa situação de âncora ou isca da mulher escrava torna-se ainda mais clara nos versículos 5-6. Aí, a relação familiar (de amor?) do hebreu escravo com a serva e com os filhos e filhas, resultantes dessa união, é formalmente usada como meio de pressão para a permanência do homem na escravidão. Para isso, indica a fórmula estereotipada de uma confissão pública: "Amo meu senhor, minha mulher e meus filhos" (v. 5). Nesse caso, o homem deve submeter-se a uma cerimônia pública (diante de Deus no templo? ou diante de juízes?), em que precisa proferir tal confissão pública, sendo-lhe, então, furada a orelha como marca de sua nova condição. Assim, o homem torna-se escravo vitalício (*'ebed 'olam*). A condição de dependência da mulher é usada por tal estrutura de dominação patriarcal para ter vantagens duplas: a servidão perpétua de mulher e de homem, bem como dos filhos e filhas nascidos dessa relação.

A mulher escrava é referida como dependente do marido ou do senhor/credor. O seu descaminho para a servidão é subordinado ao destino do seu homem. Em Ex 21,7-11, trata-se agora de resguardar alguns direitos mínimos da mulher escrava dentro da casa patriarcal. Na "manchete" da lei já está afirmado o caráter vitalício da servidão da mulher: "Não sairá como saem os escravos" (v. 7). O restante do texto está estruturado de tal forma que os versículos 8 e 9 constituem subcasos do versículo 7, e os versículos 10-11 são casos dependentes do versículo 9.

Ex 21,8 apresenta dificuldades de compreensão. O início do versículo está claro. Trata-se da situação de a escrava mulher não agradar ao senhor/credor. Nada se diz sobre os motivos de tal desagrado. A frase subordinada introduzida pela partícula *asher* é mais difícil de entender. Mantendo-se o texto hebraico, podemos compreendê-lo no sentido de: "a qual ele (= o senhor) (ainda) não determinou". A situação geral é a de que o senhor/credor pode dispor livremente na determinação do destino da mulher escrava. Havendo algum motivo de desagrado antes da destinação da mulher, o senhor/credor deverá permitir o seu resgate. Na dura realidade da família que teve de entregar ("vender") a filha ou a mulher, será muito difícil pagar algum resgate ou fazer qualquer troca para alcançar a liberdade da mulher. Assim, ela fica ao dispor do patrão/credor. Na continuação, a lei interdita a venda ou transferência da mulher escrava para um povo estranho. Tal interdição é justificada com a indicação de que isso constituiria um logro em relação a ela. É difícil dizer, porém é provável que a proibição de venda a um povo estranho não impossibilita vender a escrava para alguma outra família israelita.

O versículo 9 trata do caso de o patrão/credor, como *pater familias,* destinar a mulher escrava para o filho dele. Em tal situação, ela deverá receber um tratamento segundo o direito das filhas. Significava concretamente que a escrava teria o direito de receber um dote como as filhas.

## O poder do credor sobre a mulher escrava

Ex 21,10-11 constitui provavelmente um subcaso do versículo 9. Isto é, no caso do *pater familias* haver destinado a moça para o filho, e este (= o filho) "tomar para si outra mulher", a escrava terá alguns direitos resguardados. O contexto familiar é claramente o da poligamia. Ao homem é assegurado o direito de ter várias mulheres. Ele, contudo, não poderá negligenciar os direitos mínimos da escrava. Claro é que, entre esses direitos, figura o de alimentos e vestuário adequado (cf. Dt 22,12; Jó 24; 26,6; 31,9). Quanto ao terceiro direito, há controvérsias na pesquisa, variando as propostas de tradução do termo ´onah ou ´ônat. Tem-se entendido o termo como "óleo/ azeite", "moradia" ou, então, no sentido de "relações sexuais". O filho do patrão deveria resguardar um mínimo de relações com a escrava que se tornou sua mulher. A lei, pois, parece limitar a livre disposição sexual para com a escrava, no intuito de evitar que ela se transforme numa espécie de "prostituta doméstica". Ex 21,11 continua o subcaso, com o objetivo de afirmar que se os três direitos da mulher escrava, mencionados no versículo 10, não forem realizados, ela poderá sair livre, sem indenização, "com uma mão na frente e outra atrás".

No todo da legislação sobre escravos e escravas, dentro do Código da Aliança, percebe-se nitidamente que suas leis tentam fazer uma negociação entre os interesses dos credores e dos escravos hebreus e suas famílias; procura assegurar direitos para ambos os lados. Contudo, como já fica claro na "manchete" da lei — embora seja limitada a um período de seis anos, a instituição da escravidão fica assegurada —, percebe-se, nitidamente, que o pêndulo da legislação do código está mais para o lado dos senhores/credores. Os escravos são considerados "seu dinheiro" (Ex 21,21) e poderão ser submetidos a tratamento duro ou maus-tratos (cf. Ex 21,20). No caso das leis que tentam resguardar direitos mínimos, podemos supor a articulação da memória histórica das famílias, diante da nova realidade opressora.

Tudo indica que nas relações sociais por trás dessa lei há, por um lado, desequilíbrio entre as forças sociais dos camponeses empobrecidos e os israelitas senhores/credores. O Código da Aliança, embora tente resguardar direitos dos pobres, claramente sedimenta direitos dos ricos/credores. Por outro lado, dentro desse contexto das relações sociais dependentes, as mulheres, no geral, experimentam submissão em qualquer uma das realidades.

Queremos, a seguir, ver brevemente se e como essa realidade ou a projeção da realidade é modificada no Código Deuteronômico.

## Direitos iguais para homens e mulheres (Dt 15,12-18)

Na análise das leis dentro do Código Deuteronômico (Dt 12–26), assumimos aqui que este código é, em termos básicos, idêntico ao "livro da lei" falsamente encontrado no templo de Jerusalém, pouco antes da reforma josiânica, na segunda metade do século VII a.E.C. Igualmente assumimos que o Código Deuteronômico é uma "edição revista e ampliada" do Código da Aliança, no sentido de adaptar as respectivas leis às novas realidades sociais e econômicas no final do século VII a.E.C, servindo como uma espécie de constituição para o governo de Josias. Além de adequações de leis mais antigas, tomadas de outros contextos literários e históricos, a principal radicalização no Deuteronômio se dá com a centralização do culto em Jerusalém. Essa lei justamente abre o Código Deuteronômico (cf. Dt 12). Há também uma sensível mudança formal: o Deuteronômio é apresentado como *discursos de Moisés para o povo* e não de Deus para o povo, mediado por Moisés. Em termos de conteúdo, as leis sociais do Código Deuteronômico não são exatamente, o que se poderia esperar na atualidade, uma "constituição politicamente correta", mas há partes muito inspiradoras, sobretudo as leis de proteção aos mais fracos, que de maneira sensível são mais ampliadas (cf. Dt 14,22-29; 15,1-11; 23,20; 24) em relação à legislação precedente.

Queremos enfocar algumas das transformações legais e sociais mediante uma análise comparativa de Dt 15,12-18. Não precisamos aqui reproduzir todo o texto. As formulações iniciais já dão a tônica da novidade.

[12] Se se "vender" para ti um de teus irmãos,
hebreu ou hebréia, te servirá por seis anos
e no sétimo ano os despedirás livres/forros de junto de ti.
[13] E quando os despedires forros de junto de ti,
não os despedirás de mãos vazias e livre de junto de ti.
[14] Liberalmente lhe carrega os ombros das tuas ovelhas, da tua eira e do teu lagar, conforme a tua bênção (recebida) de YHWH, teu Deus, darás a ele.
[15] E te lembrarás que escravo foste na terra do Egito, e que te libertou YHWH teu Deus, de modo que eu te ordeno esta palavra no dia de hoje.

O problema de fundo nessa lei permanece o mesmo do texto anterior. Trata-se de relações de dependência em virtude de questões de dívidas. Nisso não há grandes novidades, visto que a crise social deve ter-se agravado durante o período do domínio de Manassés, havendo a sobreposição de dois grupos "tributaristas": a pressão externa dos assírios com seus "planos de metas" e a exploração interna por meio da elite judaíta.

Acreditamos que, apesar de toda controvérsia em torno da centralização religiosa e política em Jerusalém, acontecida com a reforma de Josias em 625 a.E.C., o Código Deuteronômico busca atenuar a gravidade da crise social por meio de leis que procuram de certa forma manter a inclusão social das camadas mais pobres. Historicamente, por trás da reforma de Josias há uma coalizão política, na qual a classe campesino-proprietária chamada de "povo da terra" (*'am há 'arets*) articula os seus interesses. Em torno da reforma haveremos de ver também a união dos levitas e de círculos proféticos do interior. Apesar de todas as críticas possíveis aos desmandos da reforma josiânica, o Código Deuteronômico pode (e deve) ser lido como um intento para solucionar os graves problemas sociais mediante uma política de "pacto social". Tal código não é somente expressão dos interesses do "povo da terra", mas também os "pobres da terra" têm seus interesses parcialmente contemplados. Isso talvez explique determinados "avanços" nesse código de leis. Por trás há, por certo, uma conjuntura mais favorável a tais avanços.

## A liberdade no sétimo ano

No que concerne à lei sobre a libertação de pessoas escravas no sétimo ano, o texto de Dt 15,12-18 apresenta uma grande novidade em relação às formulações mais antigas do Código da Aliança: afirma-se, em princípio, *uma equiparação entre homem e mulher perante a lei*. Tanto na "venda" para a escravidão quanto na ansiada soltura no sétimo ano, o homem e a mulher escravos recebem um tratamento individualizado. Diferentemente da legislação anterior, também a mulher deverá ser contemplada com a libertação.

Disso advém uma outra mudança substancial: a mulher escrava não mais poderá servir de âncora para manter os homens empobrecidos na escravidão. Pelo menos na lei não há nenhuma referência ao destino de eventuais filhos nascidos de relação entre escravos e escravas. Tem-se a impressão de que, com a abolição da servidão vitalícia da mulher escrava, também fica suprimido o dispositivo legal que conferia direitos de propriedade do *pater familias* sobre filhos e filhas de escravas. Há, pois, algumas perceptíveis mudanças.

A lei deuteronômica continua a prever o caso de uma opção "voluntária" pela escravidão vitalícia. Isso vale tanto para o hebreu quanto para a hebréia. A fórmula da confissão é similar à de Ex 21,5, porém sem qualquer referência à mulher e a filhos e filhas dos escravos. A opção de ficar voluntariamente na escravidão perpétua é justificada pelo "bem-estar" ou bom tratamento recebido do patrão. Essa escolha, sem dúvida alguma, indica para a dureza de um novo começo, possibilitado pela soltura no sétimo ano.

Ademais dessa equiparação entre homens e mulheres, no caso da lei de servidão, continua a valer, também no Código Deuteronômico, que a mulher mantém seu lugar e seus direitos *incorporados* ao homem ou dele dependentes. A menção de mulheres em alguns parágrafos de lei, porém, parece apontar para uma melhora na situação. Em Dt 17,2, a mulher é explicitamente mencionada *ao lado* do homem como protagonista de possíveis atos de idolatria. Em Dt 21,10, prevê-se uma proteção moderada para a mulher (formosa) que é tomada como refém, a fim de servir como esposa. Em Dt 22,22, também o homem é penalizado *ao lado* da mulher, no caso de adultério com mulher casada. Chama também a atenção que, em várias formulações deuteronômicas, há uma referência explícita às mulheres, por exemplo, em Dt 16,11: "[...] tu, e o teu filho, e a *tua filha*, e o teu servo, e a *tua serva*, e o levita que está dentro da tua cidade, e o estrangeiro, e o órfão, e *a viúva* que estão no meio de ti [...]" (cf. também Dt 16,14; 12,12.18). Do mesmo modo, chama a atenção que não se menciona explicitamente a mulher do "tu", que é sujeito jurídico da lei e corresponde à camada dos proprietários livres em Judá. As mulheres destes devem, por certo, ser consideradas "co-sujeitos" da lei, pois é difícil imaginar que sejam excluídas, enquanto filhas, escravas e viúvas têm direitos e são mencionadas. Deve tratar-se de linguagem inclusiva própria da lei.

Sobre a posição legal da mulher, nesse período, pode-se dizer de forma geral que elas usufruíam de direitos jurídicos similares aos de homens. Isso já se deduz do protagonismo de mulheres em várias narrativas bíblicas. Mas também a arqueologia, referente ao período em questão, fornece alguns indícios nesse sentido. Dos muitos selos-estampa descobertos em escavações arqueológicas, pelo menos 5% deles apresentam nomes de mulheres ao lado de nomes de homens ou subordinados a eles. Pode ser um indício de que elas atuavam juridicamente, assinando (selando) contratos e/ou participando como testemunhas. O texto de Pv 31,16 parece comprovar isso para o âmbito de compra e venda.

## Para continuar refletindo...

Ao longo deste capítulo fomos percebendo que, em geral, as relações sociais e de gênero, no antigo Israel, configuram-se de tal modo a apresentar as mulheres como dependentes do homem (pai, marido, irmãos, patrão) ou incorporadas a ele. Isso é típico de uma estrutura patriarcal e patrilinear. O texto de Ex 21,2-11 evidencia essa estrutura patriarcal de modo mais contundente: na casa, escravos e escravas e filhos e filhas destes são subalternos do *pater familias*, o qual dispõe de direitos de posse, limitados apenas condicionalmente. Em tal situação, a mulher escrava encontrava-se nitidamente em desvantagem. Em comparação, o texto de Dt 15,12-18 prevê uma equiparação de direitos de libertação para homens e mulheres. Com a supressão da servidão vitalícia da mulher, há uma relativa melhora nas relações. Importante é perceber que, por trás das leis, há uma articulação de interesses de camadas sociais distintas dentro da sociedade do antigo Israel. Tanto naquele tempo quanto hoje, relações sociais e de gênero mais satisfatórias devem ser social e familiarmente construídas, para que haja mais justiça.

## Sugestão de atividade

A partir das informações até aqui elaboradas, ler o livro de Rute e Gn 16–21, numa perspectiva feminista histórico-social. Perceber quais os tipos de família vivenciados no contexto. Lembrar que esses textos provêm do pós-exílio. Compará-los com Ne 13,23-27.

# 4
# Experiências de mulheres no Segundo Testamento

## Maria, a expressão máxima da teofania

Assim como no Primeiro Testamento, as experiências de mulheres não apenas perpassam também o Segundo Testamento, mas marcam novos e significativos caminhos de Deus na história. Deus inaugura novos tempos e renova experiências salvíficas em e por meio de práticas de mulheres. Assim acontece com Maria, que vivencia uma *teofania* e se dispõe a participar da história da salvação, gestando e criando o NOVO há tanto tempo esperado (Lc 1,26–2,21). É nela que começa a se manifestar o mistério do Deus encarnado. É nela que ele habita por primeiro. É ela também que está junto de Jesus, motivando-o para seu primeiro milagre (Jo 2,1-12), e participa do grupo de discípulas e discípulos de Jesus (Jo 19,25) e do grupo que organiza a Igreja originária em Jerusalém (At 1,14). Nesse processo, precisa aprender novos conceitos de família (Mc 3,31-35). Por tudo isso, Maria é lembrada e bem-aventurada, como ela própria profetizou em seu cântico (Lc 1,46-55).[1]

Assim como Maria, a maioria das mulheres das quais falam os escritos do Segundo Testamento é judia ou convertida

---

[1] Sobre Maria em abordagens, estudos e perspectivas latino-americanas, de várias autoras, veja *Revista de Interpretação Bíblica Latino-Americana*, Petrópolis/São Leopoldo/São Paulo, Vozes/Sinodal/Imprensa Metodista, v. 46, 2003.

ao judaísmo, chamada "temente a Deus" ou "prosélita". Essas mulheres fazem parte do movimento de Jesus, de renovação dentro do judaísmo, inserido num contexto político-social e religioso mais amplo. Nele, experimentam a construção de novas relações de vida com dignidade e justiça, sem acepção de pessoas. Elas vivem sua espiritualidade judaica, participando das festas e celebrações no templo (Lc 2,36-38; At 2,46, entre outros), e confessam a fé no Messias judeu que se realiza e se concretiza em Jesus de Nazaré (Jo 11,27).

Jesus acolhe e cura mulheres, de igual forma como o faz com crianças, pessoas doentes, empobrecidas e marginalizadas. Elas pertencem a esse grupo de minorias qualitativas. Jesus interfere em favor delas na questão do cumprimento da Torá: coloca a vida acima da lei na defesa da mulher adúltera (Jo 8,1-11), mas faz valer a Torá quando, por meio de uma parábola, se percebe que o direito da mulher viúva está para ser violado (Lc 18,1-8). Mulheres têm liberdade e são protagonistas nesse movimento e nas origens da Igreja, tanto na ação (Mc 5,25-34; 14,3-9) quanto na fala (Mt 15,21-28; Jo 11,17-46). Experiências de mulheres também são paradigmáticas nas parábolas de Jesus, que testemunham sobre a atuação e a imagem de Deus (Lc 15,8-10 no contexto). Enfim, mulheres fazem parte do ministério de Jesus desde o início, tanto como sujeito no discipulado (Lc 8,1-3, entre outros) quanto como endereçadas à prática do seu amor e salvação.

Assim, são também elas que estão com ele junto à cruz ou observando de longe, e é com o testemunho delas que se abre uma nova dimensão na história religiosa: Jesus é o Messias, primogênito dentre os mortos. Não está morto, mas ressuscitou! Essa é a novidade que elas presenciaram e testemunharam por primeiro. Jesus e o Anjo de Deus as incumbem de dar testemunho, as vocacionam para a proclamação dessa Boa-Nova de alegria. São, por incumbência divina, apóstolas dos apóstolos (Mc 16,7; Mt 28,7; Lc 24,6ss; Jo 20,17-18).

São as mulheres seguidoras de Jesus que estão com os discípulos em Jerusalém, na organização da Igreja originária. Infelizmente, a ideologia e a estrutura patriarcais e androcêntricas, já superadas em Jesus e no seu movimento, impuseram-se na escolha do discípulo que substituiria a Judas, na medida em que entre os critérios da escolha estava o pressuposto de que deveria ser um homem (veja relato em At 1,21-23). Os demais critérios estavam contemplados também pelas mulheres. Conforme o relato de Atos dos Apóstolos (escrito nos anos 90!), impôs-se, desde cedo portanto, um modelo hierárquico patriarcal na organização da infra-estrutura de poder na Igreja.[2]

Essas experiências libertárias aconteciam lado a lado com outras experiências opressoras e marginalizadoras de mulheres. Desde as origens, processos de libertação e de dominação fazem parte da história do movimento e da organização da Igreja. Antes de vermos isso, é necessário aproximar-nos um pouco da realidade vivenciada por mulheres no contexto do Império Romano, sob influência da ideologia e cultura greco-romanas.

## Olhando para o contexto sociopolítico: dominação patriarcal romana

Os textos do Segundo Testamento são vivenciados, transmitidos, escritos e compilados dentro do contexto geopolítico do Império Romano, cujo sistema chamado *pax romana* domina sobre tudo e sobre todas as pessoas e povos conquistados. É

---

[2] Para mais informações sobre este assunto, veja REIMER RICHTER, Ivoni. *Vida de mulheres na sociedade e na Igreja*: uma exegese feminista de Atos dos Apóstolos. São Paulo, Paulinas, 1995.

um mundo de dominação patriarcal em todos os níveis, seja familiar, social, seja político. O historiador romano Tácito (55-113) testemunha sobre isso, dizendo:

> Saquear, matar, roubar — isto é o que os romanos falsamente chamam de domínio, e ali onde, por meio de guerra, criam um deserto, isto eles chamam de paz... As casas são transformadas em ruínas, os jovens são recrutados para a construção de estradas. Mulheres, quando conseguem escapar das mãos dos inimigos, são violentadas por aqueles que se dizem amigos e hóspedes (Agrícola 30-31).

Na Igreja e na teologia muitas vezes é afirmado que as mulheres, naquele tempo, eram oprimidas por causa e por meio da religião judaica. Pelo que sabemos, asseguramos que é falso afirmar isso. Não é possível sustentar que o patriarcado seja resultado apenas da religião e cultura judaicas, e que estas são as maiores culpadas pela opressão de mulheres. O patriarcado não era algo exclusivo da cultura e religião judaicas, mas sim um sistema vigente em todas as culturas do Mar Mediterrâneo, legitimando sistemas de dominação, a partir de dentro do próprio sistema romano. Tanto a estrutura familiar quanto a política eram patriarcais. A exclusividade da autoridade jurídica do chefe/cabeça estendia-se sobre todos os membros de uma casa e sua família, inclusive sobre os filhos e as filhas adultos e as propriedades de cada um.

## O patriarcado judeu

Diante do sistema de dominação patriarcal romano, o patriarcado judeu é aquele de um povo oprimido, buscando sua sobrevivência cultural, social e religiosa dentro de um contexto que lhe é hostil. Esse patriarcado judeu não pode ser identificado com o patriarcado do poder dominante romano. Assim, podemos entender que o cristianismo é um movimento de renovação intrajudaico que *participa* das estruturas patriarcais do judaísmo e que *luta*, como os demais movimentos, pela vida e pela identidade *dentro das condições do patriarcado romano*. É nesse contexto que o Segundo Testamento e outros escritos da época devem ser entendidos. Portanto, os textos do Segundo Testamento relacionados a mulheres precisam ser compreendidos tanto na perspectiva da história, cultura e religião do judaísmo quanto na perspectiva das condições históricas do mundo romano. Então, melhor poderemos entender os sofrimentos das mulheres e de outras minorias qualitativas, bem como suas lutas e resistências.

Para conhecermos com mais clareza o patriarcado no mundo do Segundo Testamento, dentro das condições históricas do Império Romano, devemos ver como o patriarcado se auto-apresenta. Para isso, nada melhor do que adquirir informações quanto às teorias que foram elaboradas "sobre o Estado" romano naquele tempo. Trata-se de olhar um pouco para ideologias que sustentavam tal sistema. São teorias que sustentavam e legitimavam estruturas de dominação e que, já no final do século I, repercutiam e influenciavam também a história da Igreja cristã. É no contexto dessas elaborações que igualmente se define a função social de homens, mulheres e crianças, nas casas e na sociedade. Por ser a casa um dos espaços decisivos da missão judeo-cristã nos inícios, precisamos saber um pouco mais sobre esse contexto.

Um dos grandes ideólogos da teoria estatal romana é Cícero. Ele escrevia e elaborava afirmações segunda a autocompreensão e a óptica da classe dominante romana. Seus escritos também influenciaram a história do cristianismo ocidental. De forma exagerada — mas mesmo assim acertada —, poder-se-ia dizer que quem quiser conhecer as origens do cristianismo patriarcalizado e capitalizado encontra mais material e informações em Cícero do que no Segundo Testamento.

## Definição do patriarcado em Cícero

Um dos mais importantes livros desse ideólogo estatal romano é chamado *De Re Publica* (Sobre as Coisas Públicas), escrito entre 54 e 51 a.E.C. Aí, Cícero define o Estado como patriarca: "Nisso, o nome 'rei' nos encontra com um esplendor patriarcal, como de um homem que se preocupa com seus súditos, como se fossem seus filhos" (*re publ.* I, 54). O que ele afirma não é o reinado, mas sua estrutura patriarcal de dominação. E ele coloca uma diferenciação entre o domínio de um senhor e o domínio de um pai:

> Mas temos que nos conscientizar sobre as diferentes formas de dominar, bem como de servir. Pois, como se diz, assim como o espírito domina sobre o corpo, assim ele também domina sobre o desejo, mas com a seguinte diferença: sobre o corpo ele domina como um rei sobre seus súditos ou como um pai sobre seus filhos, mas sobre o desejo ele domina como um senhor sobre seus escravos, porque ele os mantém dentro dos limites e quebra a sua vontade (*re publ.* III, 37).

Na óptica prevalente, dominação política sobre cidadãos livres somente é legítima se for como a dominação paterna, e não como a dominação senhorial. Em resumo, podemos destacar que a dominação política é como a dominação de corpos. E existem dois tipos de domínio:

- dominação do corpo = dominação sobre as crianças, relação de pai/filhos;

- dominação do desejo = dominação sobre escravos, relação senhor/escravos.

A dominação patriarcal acontece em *quatro níveis*:

- Deus(es) sobre pessoas;
- Estado (governo) sobre a *res publica*;
- pai sobre a casa;
- espírito sobre o corpo.

Nos quatro níveis, a dominação se baseia na desigualdade "natural" entre os pais dominadores e os filhos dominados. Trata-se sempre da dominação de um *homem* sobre seus dependentes. Em relação à dominação do Estado, Cícero afirma que é "natural" que os "espiritualmente melhores [estejam] colocados sobre os desprivilegiados" (I, 51), entendendo-se que aqueles pertencem à elite dominante.

A dominação do patriarca, nos quatro níveis, tem fundamentação na dominação paterna da casa, no sustento que o pai garante para suas crianças e na obediência submissa das crianças para com o pai. (É diferente no judaísmo, em que as crianças deviam honrar e respeitar pai e mãe — Ex 20; Lv 19 —, mas também podiam desobedecer-lhes, caso o pai pedisse para transgredir algum mandamento!)

É dessa casa patriarcal, como célula básica social, que nasce a necessidade do aparato do Estado, que é organizado e dirigido em analogia à casa, mesmo quando nele se encontra mais do que um homem governando. Governo do Estado, no entanto, sempre é questão de *um homem* que melhor saiba dominar a grande casa, o Estado.

# A família como célula-base da sociedade patriarcal

Ainda hoje se diz que a família é a célula-base da sociedade. Isso é muito antigo e provém da ideologia dominante romana. Na verdade, *a família patriarcal é a célula-base social do patriarcado*. E o patriarcado tem início no casamento (I, 38). Cícero desenvolve melhor essa tese em seu outro livro, chamado *De officiis* (Sobre as Profissões):

> Visto que por natureza o comum entre os seres vivos é que eles têm o desejo da procriação, é certo que a primeira formação social baseia-se no próprio casamento; a segunda nos filhos, e então vem a comunidade de uma casa e a comunhão de uma propriedade. Isto é a origem da comunidade citadina... Depois vem a ligação entre irmãos... cunhados... (*de of.* I, 54).

Procriação e domínio paterno são a célula-base da casa patriarcal, e essa é a base da existência econômica de seus membros. Cícero pensa na casa de um homem rico, que tem propriedade(s). Trata-se de latifundiários e grandes comerciantes. Conforme esse ideólogo, profissões manuais e artesanais, de diaristas e as consideradas "sujas" não eram vistas como dignas de um homem livre, ou seja, de um cidadão. A propriedade do patriarca tem de ser garantida e protegida pelo Estado (*de of.* II, 73). O Estado não age para defender os interesses do povo, mas sim de patriarcas proprietários.

Então, impulsos "naturais" e propriedade são fundamento da casa patriarcal e têm também no Estado organizado sua ordem legal e religiosa: casamento e filhos legítimos (!) são essenciais para a felicidade do Estado bem organizado (*re publ.* V, 7).

Mulheres raramente são mencionadas por Cícero. Elas aparecem somente na perspectiva de *esposas* em sentido legal e patriarcal, que geram filhos legítimos como herdeiros. Há uma diferença fundamental na relação entre patriarca e seus filhos, descrita como "amor natural", e entre patriarca e sua esposa, só marginalmente incluída nesse amor (*de of.* I, 12). A ela não se dedica amor. Normalmente a mulher não aparece, é mantida invisível, silenciada:

> Amados são os pais (homens), amados também são os filhos, parentes e conhecidos (*de of.* I, 12. 58).

Conforme essas formulações, que sustentam o aparato estatal de dominação romana, a mulher, como componente da casa, recebe comida e proteção. Mas não pode ser proprietária ou herdeira (*re publ.* III, 17), nem possuir dinheiro. Somente a filha de um homem rico é herdeira. Cícero menciona mulheres quando a questão é casamento, filhos legítimos e honra do pai/marido, o que corresponde à virgindade, fidelidade matrimonial e violência sexual. Isso porque mulheres pertencem à esfera de poder do patriarca. Violentar uma mulher é invadir tal esfera do pai ou do marido (*re publ.* II, 46. 62), e são os homens que devem ser indenizados, receber a "reparação".

## Valores centrais: honra e vergonha

As culturas mediterrâneas têm a honra e a vergonha como valores centrais. Isso significa, para a vida familiar, que honra é um dos bens mais preciosos e que precisa ser sempre defendida e garantida. Também representa que a honra, boa reputação e respeito social não residem primordialmente no indivíduo, mas na família.

> Os homens defendem sua própria honra e a honra de sua família, mediante um comportamento digno com os outros homens, por meio de sua bravura sexual e *também* protegendo e contro-

lando as mulheres da família, já que a reputação de virtude sexual das mulheres é o elemento mais volátil na honra da família.[3]

A honra da mulher, portanto, concentra-se na sua reputação de respeitabilidade, cujo componente básico é a virgindade pré-matrimonial e a exclusividade marital. Na sociedade patriarcal, a mulher é considerada basicamente nessa classificação sexual, apresentando grande perigo para a honra familiar. Por isso, meninas sempre foram menos quistas do que meninos. Eram as primeiras a ser mortas, abandonadas ou vendidas para a escravidão, quando recém-nascidas. Violências sexuais eram tidas não como agressão contra a dignidade da vida da menina/mulher, mas como ofensa contra o pai, irmãos e marido.[4]

Do ponto de vista oficial, a vida pública, na sociedade patriarcal, pertencia quase que exclusivamente ao homem. No entanto, principalmente entre famílias campesinas e de classe baixa urbana, no campo de trabalho e de sustento das famílias, as mulheres agiam independentemente ou ocupavam seu lugar ao lado dos maridos, o que ainda não significa que elas poderiam livre e igualitariamente opinar e decidir sobre condução da vida familiar e relações públicas. Mas aqui também temos material e indícios para as práticas de resistência de mulheres dentro desse contexto maior.

Poderíamos fechar esta breve abordagem da construção de relações patriarcais a partir da ideologia estatal. Percebemos que, na perspectiva dominante, a tarefa da mulher no patriarcado é definida claramente como ser mãe dos filhos legítimos de um determinado pai para a manutenção do Estado

---

[3] Osiek, Carolyn. O Novo Testamento e a família, *Concilium* 260 (1995/4), p. 12.

[4] É interessante observar que, na história da Igreja, quando, por exemplo, Agostinho trata do fundamental amor à pátria e da fidelidade matrimonial, ele se reporta a Cícero (Agostinho, epist. 91,3 = *re publ.* IV, 7).

patriarcal. Para melhor visualizar isso, trazemos um exemplo de punição para quem não se insere em tais princípios: um dos castigos imputados a mulheres solteiras e a homens sem filhos é que tinham de pagar um imposto, em Corinto, destinado a alimentar os cavalos do Estado (*re publ.* II, 36). Além disso, a Cícero não interessa mencionar a realidade de vida, profissão, trabalho ou sobrevivência de mulheres em uma casa patriarcal decadente e empobrecida. Isso é muito diferente em relatos do Segundo Testamento, como veremos adiante.

## Liberdade e igualdade entre as pessoas? Nunca!

Existem dois textos que, para Cícero, descrevem uma imagem de terror dentro da construção de patriarcado. Trata-se do "caos" que poderia acontecer num Estado onde houvesse liberdade e igualdade para todas as pessoas. Disso também resulta o dado de que mulheres eram controladas na sua sexualidade e de que não podiam participar do poder social e político por causa da exigência de sua subordinação à dominação de um patriarca. Mas é exatamente ainda dessa afirmação que podemos ler, a partir do silêncio, a prática de resistência de mulheres e outras minorias qualitativas. O temor de Cícero é que uma democracia com liberdade signifique, portanto:

> que não mais existe em nenhuma casa um cabeça, e esse caos repercute até na vida dos animais. Chega a tal ponto que o pai teme o filho, o filho não respeita o pai; não existe mais nenhum sentimento de honra [...] não mais existe diferença alguma entre cidadão e estrangeiro; o professor teme o aluno e o bajula, e os alunos desprezam o professor; os jovens pensam ser tão importantes como os velhos, e os velhos se prestam a esse jogo dos jovens para agradá-los e para não parecerem chatos. E então acontece que também os escravos almejam uma maior liberdade, as esposas reivindicam o mesmo direito

que os homens, e no âmbito de uma tão grande liberdade até os cães e os cavalos e talvez até os burros corram por aí, tão livres, que teremos que lhes dar passagem [...] (*re publ.* I, 67).

Como podemos perceber neste texto, existe uma hierarquia descendente na valoração dos grupos: pais (homens) → filhos → escravos → esposas → animais.

## Participação das mulheres e escravos na vida política

Vamos ver uma segunda citação de Cícero que reflete a situação daquela época, na qual se discutia muito a questão da propriedade coletiva e a participação das mulheres e dos escravos na vida política. Um defensor dessa luta era o filósofo Platão. Também contra ele se dirigem as palavras de Cícero:

> Será que também as esposas e as crianças serão declaradas como bens coletivos? Será que não mais existirá nenhum laço de sangue, nenhum gênero específico, nenhuma família, nenhum parentesco consangüíneo, e tudo será como uma manada de gado solto desordenadamente por aí? Será que os homens não mais mostrarão autodomínio e as mulheres não mais terão castidade? [...] Sim, ele [Platão] até abriu a prefeitura para as mulheres, cedeu-lhes o serviço militar, bem como os cargos de funcionários e mandatários. Quão grande desgraça virá sobre a cidade, na qual as tarefas dos homens serão assumidas pelas mulheres! (*re publ.* IV, 5).

O amor matrimonial, isto é, a constituição e defesa da família patriarcal, interessa a Cícero nessa situação "caótica". Para ele, liberdade sexual para mulheres tem por conseqüência também a participação delas no exercício do poder público. E tal situação parece-lhe um terror.

Esses são alguns retalhos de textos de um dos grandes ideólogos do sistema da *pax romana*. É importante conhecê-los, quando formos nos ocupar e refletir sobre textos do Segundo Testamento, que testemunham situações comunitárias de partilha de bens, de liderança de mulheres, de participação igualitária e dos conflitos que isso desencadeava.

## Diferença "natural" e concepção patriarcal de justiça

Até aqui podemos concluir que poder patriarcal é aquele que dirige arbitrariamente a vida de outras pessoas que lhe são submissas e dependentes dele. O patriarca governa tudo, desde a concepção da divindade até os animais da casa. Esse poder está nas mãos de poucos homens proprietários, aos quais muitas pessoas estão sujeitas à obediência submissa. Socialmente há divisão de classes, e nas eleições não é o povo, mas somente os homens ricos e livres que têm o poder da escolha. Do proletariado o Estado espera a "prole" (*re publ.* II, 40) que trabalhará para os ricos, mantendo a ordem patriarcal da sociedade.

É nesse contexto de exploração que Cícero até chega a cogitar que os escravos devessem ser equiparados aos diaristas, para que o Estado pudesse exercitar "justiça". Diz ele: "É necessário fomentar sua produtividade e oferecer o justo salário" (*de of.* I, 41). Essa é, em Cícero, a única reflexão sobre justiça em relação a pessoas desprivilegiadas. Mas não é tão humanitária quanto possa parecer. Por detrás dessa reflexão certamente se encontram as eternas reclamações dos senhores acerca da preguiça e do desrespeito dos escravos, bem como a reflexão econômica de que diaristas sobrevivem à sua própria custa. Isto decerto custaria menos para os senhores do que sustentar os seus escravos! (Lembrar-se da "abolição da escravatura" no Brasil e comparar com Mt 20,1-16.)

Para Cícero é "natural" que a pessoa escrava nasça escrava ou se torne escrava. Todas as diferenças sociais lhe são "naturais". Portanto, justo é aquilo que serve àqueles que têm poder no Estado; justo é aquilo que tem proveito para o homem rico, mesmo se for injusto para com a mulher e as crianças. As chamadas diferenças "naturais", nas quais se baseia a estrutura de poder do patriarcado cicerônico-romano, são as distinções entre:

- classe alta/elite x "resto" do povo;
- homem livre x pessoas escravas;
- homem x mulher;
- espírito x corpo;
- deus(es) x pessoas.

Nesse esquema, as pessoas listadas no lado direito não podem ter participação no poder, em tal sistema de dominação. Nesse contexto, existem certas práticas que são como rituais de subordinação das mulheres: elas não bebem vinho (*re publ.* IV, 6); uma mulher de má fama não recebe o beijo de cumprimento dos parentes.

No entanto, apesar de todos os esforços e práticas oficiais, não parece ter sido fácil impor subordinação às mulheres, pois Cícero propõe que deva existir um educador "que ensine aos homens como ter influência determinante sobre as mulheres" (*re publ.* IV, 6).

É nessas poucas linhas e nas muitas entrelinhas de textos oficiais que devemos ler e entrever, trazer à luz e avaliar as práticas de resistência de mulheres às questões que oficial e insistentemente lhes eram impostas e cobradas. Além disso, é necessário ver também outros textos que falam de uma outra perspectiva. Entre eles estão os do Segundo Testamento, como veremos.

## Experiências igualitárias e hierarquização da vivência eclesial no Segundo Testamento

Da análise do patriarcado romano de Cícero, pode-se tirar algumas conseqüências para a análise do patriarcado no Segundo Testamento. Nisso, percebemos algumas semelhanças e diferenças básicas:

a) O Segundo Testamento reflete um patriarcado que, diferente de Cícero, não espelha as noções de uma elite poderosa, mas *as noções de gente humilde num povo oprimido*, que não participa do poder real no Estado dominante. No geral, não há exigência de que o patriarca cristão se preocupe e trabalhe para o bem e a manutenção do Estado romano (exceto talvez 1Pe 2,13-17, o que veremos mais adiante).

b) A *função da "casa"* neotestamentária também está fundamentalmente modificada. Ela não é mantenedora dos bens da família patriarcal-patrimonial, pois a maioria das casas cristãs pertence às classes sociais desprivilegiadas, e não entra, portanto, no conceito de Cícero. Além disso, casamento e casa não têm significação ideológica de manutenção da sociedade patriarcal, como em Cícero, pois:

- mulher e homem trabalham *juntos* para o *Evangelho*: Priscila e Áquila, Júnia e Andrônico, e outros mencionados em Rm 16;[5]

- casamento não é pré-requisito para boa vida cristã;

---

[5] Sobre Rm 16 e sua interpretação, ver RICHTER REIMER, Ivoni. A economia dos ministérios eclesiais: uma análise de Romanos 16,1-16, *Fragmentos de Cultura*, Goiânia, v. 13, n. 5, pp. 1079-1092, 2003.

- pouca importância se dá para a procriação (exceto 1Tm 2,15);

- os filhos (e as filhas?) podem tomar rumo próprio (Lc 15,11ss).

No Segundo Testamento, a "casa" tem significado central para a reunião e organização da vida comunitária e da comunhão de bens (ver também At 1–3; 16,11-15). Ela é célula de resistência à ideologia e prática do sistema dominante. Existem muitas "casas" sem a figura do pai ou do esposo, e isso, no contexto sociopolítico, tem um caráter altamente subversivo. Pensemos na casa de Maria, Marta e Lázaro, de Tabita, de Lídia etc., onde mulheres são lideranças e inexiste a figura de um *pater familias*.

c) Divergentes de Cícero são *as noções de justiça e de diferenças "naturais"* entre as pessoas: justo é o que cada pessoa necessita para viver, independentemente de sua produtividade (Mt 20,1ss); agradáveis a Deus são todas as pessoas que nele crêem e praticam a justiça, não fazendo acepção de pessoas (At 10,34; Gl 3,28); digna da intervenção e da defesa da vida é a mulher adúltera, e o critério não é a honra do marido ou da família, mas a dignidade de sua vida (Jo 8,1ss). A justiça de Deus sempre é experimentada onde os "pequeninos", pessoas humildes e desprezadas são escolhidas e acolhidas, para vergonha e transformação dos poderosos (1Cor 1,23ss).

d) O *conceito de família é ampliado* para a convivência entre as pessoas que praticam a vontade de Deus no seguimento a Jesus e na concretização do Reino de Deus. A compreensão é diaconal e solidária (Mc 3,20-21.31-35). Desaparecem a figura e a autoridade patriarcais.

e) O Segundo Testamento assume *a figura do Pai como uma imagem para Deus* que ama seus filhos e filhas. Mas diferente do sistema patriarcal de Cícero, esse amor paterno faz que os últimos sejam os primeiros, o que seria o caos completo para Cícero e para a *pax romana*. Textos paulinos também conhecem o cabeça da família, mas seu domínio é colocado em xeque pelo poder libertador de Deus (1Cor 11,2-16; ver também Mt 23,9).

f) Comparável com os textos de Cícero são os das chamadas *Tábuas Domésticas* (Cl 3,18–4.1; Ef 5,22–6.9; 1Pe 2,13–3,7). Os dois primeiros são textos deuteropaulinos e o último vem da tradição petrina, escritos todos a partir do ano 80. Sua situação histórico-religiosa é apologética. Apresenta três pares, onde um é dominado e o outro é dominador: marido–esposa; pais–crianças; senhores–pessoas escravas. A palavra dirige-se a todos os membros da família, e nisso consiste a novidade no contexto da época. Confere-selhes certa dignidade no simples fato de mencioná-los, mas o esquema é hierárquico-patriarcal. Trata-se de relações mútuas, mas desiguais. Dentro dessa mutualidade, outra novidade dentro do contexto greco-romano é o fato de que a reivindicação apostólica pede que o marido *ame* a sua esposa, que os pais *não irritem* suas crianças e que os senhores *não abusem de seu poder* sobre as pessoas escravas. São perspectivas que indicam mudanças históricas que vão se avizinhando na estrutura das igrejas no final do primeiro século.

g) Simultaneamente à escrita das Tábuas Domésticas, busca-se registrar também *a memória de Jesus* que critica modelos de dominação (veja Mc 10,42-45 no contexto). Isso aponta para grupos em conflito no interior de comunidades cristãs, ainda antes do final do primeiro século. A voz que articula a memória de Jesus clama para o dessa situação e afirma: o poder não serve para oprimir, nem para torturar e maltratar. Ele só serve se for para servir! E algo assim era inconcebível para as ideologias dominantes naquele contexto...

Para concluirmos nossa abordagem histórico-social e teológica do Segundo Testamento, apresentamos a seguir o estudo de alguns textos que constituem o último capítulo deste subsídio.

# 5
# Análise de textos do Segundo Testamento na óptica e exegese feminista

A análise de textos significativos do Segundo Testamento aqui apresentada é feita sob a perspectiva e exegese feministas, anteriormente explicitadas, bem como a partir do contexto histórico-social antes delineado, considerando também os efeitos interpretativos desses textos em nossa história.

O primeiro estudo tem Maria como centro. Com base em textos bíblicos e apócrifos e nos dogmas marianos, buscamos entender Maria numa perspectiva ecumênica, que questiona arquétipos construídos a partir de uma interpretação androcêntrico-patriarcal e convida para a reconstrução dessa tradição.

No segundo estudo enfocamos a questão econômica nos (con)textos e na vida de mulheres, bem como as diferentes maneiras de se lidar com o dinheiro. Vislumbram-se, na experiência de mulheres, algumas maneiras de resistir e de transgredir a ordem econômica então vigente.

Para concluir, de uma maneira mais "leve", descortinamos antigos e conhecidos textos, segundo a espiritualidade feminista de libertação que se expressa na apreciação de outras imagens de Deus.

# Maria, a mãe de Jesus, nos evangelhos canônicos

Falar sobre Maria é considerar diferentes perspectivas. O que chega até nós é resultado de construções histórico-simbólicas milenares. Não há, em verdade, uma só Maria; a verdadeira e única Maria não existe. O que temos é elaboração com base em afirmações de alguns textos bíblicos e apócrifos, de dogmas eclesiásticos e de espiritualidade popular.[1] Vejamos a figura de Maria segundo os evangelistas.

## Maria no evangelho de Marcos

O evangelho mais antigo é o de Marcos, escrito em torno do ano 70, provavelmente em Roma. Ele não menciona nada sobre anunciação, nascimento e infância de Jesus. O batismo de Jesus e sua adoção divina são importantes e marcam o início desse evangelho. Nele, Maria é mencionada apenas duas vezes: a primeira quando ela — "sua mãe e seus irmãos" —, do lado de fora de onde Jesus estava, manda chamá-lo. A segunda quando Jesus chega a Nazaré e, ao ensinar na sinagoga, todos se admiram do seu entendimento e se perguntam: "[...] Não é este o filho do carpinteiro, o filho de *Maria*, irmão de Tiago, Joset, Judá e Simão? E as suas irmãs não estão entre nós?".

## Maria no evangelho de Mateus

O evangelho de Mateus, escrito nos anos 80, talvez em Antioquia, menciona Maria logo no início, na genealogia de Jesus (Mt 1,16), na narrativa do nascimento, na visita dos reis magos, na fuga ao Egito e em seu retorno a Israel (Mt 1,18-25;

---

[1] Para maiores informações e detalhes, veja *Revista de Interpretação Bíblica Latino-Americana*, Petrópolis/São Leopoldo/São Paulo, Vozes/Sinodal/Imprensa Metodista, v. 46, 2003, exclusivamente sobre Maria. Aí há ampla referência bibliográfica.

2,11; 2,13-15; 2,20-21); ela também aparece nos relatos que falam dos irmãos de Jesus (12,46-50; 13,55).

Mateus trabalha com a tradição do nascimento virginal de Jesus, sem dar-lhe muita ênfase: Maria estava prometida em casamento, noiva de José, e, sem terem coabitado, engravidou do Espírito Santo. Pela lei judaica, isto seria prova de adultério, pelo qual a noiva poderia ser julgada e condenada. José, no entanto, não a acusa, e é ele quem recebe a revelação do anjo que afirma ser a criança fruto do Espírito Santo. O evangelista se baseia na tradição profética de Isaías 7,14, e o Messias esperado, Emanuel/Deus-conosco, deverá nascer de uma jovem, mais tarde entendida como virgem.

## Maria no evangelho de Lucas

O evangelho de Lucas, escrito entre os anos 80 e 90, talvez em Éfeso, é o que mais enfatiza a narrativa em torno do nascimento virginal de Jesus: Maria é mencionada na anunciação, na visita a Isabel, entoando o *Magnificat* junto a José no recenseamento e na difícil viagem até Belém, na visita dos pastores, no templo e diante de Simeão (Lc 1,26-38; 1,39-45; 1,46.56; 2,4-7; 2,16.19; 2,27.33-34); ela também aparece com sua família e vizinhança na peregrinação a Jerusalém, no templo (2,41.48.51), com seus outros filhos (8,19-21) e quando *seus seios são benditos por uma mulher anônima* (11,27). Além disso, é citada ainda como discípula de Jesus, após sua ressurreição (At 1,14).

Lucas também destaca a concepção virginal de Jesus: Maria estava noiva de José e era virgem. Nesse contexto, o anjo fala diretamente com Maria e ela, com ele. Diante do anúncio do anjo de que ela conceberia e daria à luz o Filho do Altíssimo, Maria intervém, dizendo: "Como será isso, visto que eu não conheço homem?". A resposta do anjo quer esclarecer: "O Espírito

Santo virá sobre ti e o poder do Altíssimo te cobrirá; por isso, o gerado será santo e será chamado Filho de Deus" (Lc 1,34-35). As imagens utilizadas evocam a concepção de uma nova criação, sem intervenção do humano. Assim como o Espírito de Deus soprou e pairou sobre o caos nos princípios e revelou seu poder criador (Gn 1,2), assim repousará sobre Maria; e seu poder a envolverá como uma sombra/nuvem, do mesmo modo como outrora cobriu a tenda de Moisés (Ex 40,34-35). Portanto, a narrativa lucana está permeada de elementos luminosos.

Em Lucas, Maria praticamente é autônoma em relação a José: é com ela que o anjo comunica vida e teologia, e vai sozinha até sua prima Isabel, em cujo encontro acontece mais uma experiência hierofânica: no abraço entre as duas a idosa e ex-estéril Isabel reconhece e bendiz Maria pelo fruto de seu ventre. Depois desse encontro hierofânico, Maria pronuncia as palavras do *Magnificat*: tão grávidas de esperança para o sofrido povo de Deus! As duas mulheres, a jovem e a idosa, ficam juntas durante três meses, até o nascimento de João, depois Maria retorna para Nazaré e se desenrola a cena do nascimento de Jesus.

Dentro do sistema patriarcal da época, é interessante observar a dinâmica do movimento e da ação das mulheres: elas rompem barreiras e atuam independentemente de homens. José e Zacarias desaparecem por detrás do protagonismo de Maria e Isabel...

## Maria no evangelho de João

O evangelho de João, com tendências gnósticas, nada narra sobre o nascimento de Jesus, mas logo no início sua mãe Maria é protagonista quando ele atua no casamento em Caná da Galiléia (Jo 2,1-12). Também são mencionados os demais irmãos de Jesus. No final, Maria reaparece, ao lado da anônima irmã dela (Jo 19,25-27), junto à cruz de Jesus.

Dessa breve visita aos textos evangélicos, podemos afirmar que os canônicos não estão muito interessados em apresentar Maria como virgem, mas sim como mãe de Jesus, depois aclamado e confessado como Filho de Deus.

## Maria em alguns escritos apócrifos

Algumas das questões presentes em dogmas e na espiritualidade popular provêm de tradições registradas em escritos que não foram canonizados, os chamados *apócrifos*. Aqui, mencionamos dois deles.

### Maria no proto-evangelho de Tiago

O evangelho apócrifo *proto-evangelho de Tiago*, escrito em meados do século I, fala do nascimento de Maria, sua infância, seu casamento com José, e relata a anunciação do anjo e o nascimento de seu filho Jesus. Vejamos: o pai de Maria, chamado Joaquim, era um judeu fiel e estéril. Quando soube, por meio de uma palavra de Deus, que não teria descendência, afastou-se da esposa e foi para o deserto, jejuar quarenta dias e quarenta noites. Sua mulher, Ana, entoava um hino de lamentação dupla: "Quero chorar minha viuvez/abandono; quero chorar o fato de não ter criança". Na celebração do Dia do Senhor, a pedido de sua escrava doméstica Euthina, Ana tirou a veste de luto, banhou-se, vestiu sua roupa de casamento e foi passear no jardim. Assentou-se sob uma árvore de louro e orou a Deus, recordando-se da matriarca Sara. Sendo atendida em oração, relata-se a volta de seu marido, Joaquim:

> E eis que Joaquim se aproximou com seu rebanho, e Ana estava parada sob o portão, e viu Joaquim chegando, aproximou-se dele, lançou-se ao seu pescoço e disse: "Agora eu sei que Deus, o Senhor, me abençoou ricamente; pois veja a viú-

va que já não é mais viúva, e eu que não tinha criança, conceberei em meu ventre". E Joaquim descansou em sua casa [...] e no sétimo mês, Ana deu à luz. E ela disse à parteira: O que foi que eu pari?". E a parteira disse: "Uma menina". E Ana disse: "Abençoada foi minha alma neste dia!". E ela recebeu a criança. Quando se completaram os dias, Ana purificou-se de seu resguardo e amamentou a criança que chamou de Maria (Proto-evangelho de Tiago 4–5).[2]

Depois disso, o proto-evangelho de Tiago comentará a infância de Maria, a qual Ana e Joaquim dedicaram ao serviço do templo, onde viveu desde pequena, sendo aí educada. Quando completou 12 anos (idade em que as meninas alcançavam a "maioridade" e podiam casar), os sacerdotes reunidos em conselho perguntaram-se o que deveria acontecer com a menina que se tornava moça, "a fim de que o templo não seja manchado" (refere-se à menstruação e idade fértil). Eles, então, incumbem o sumo sacerdote Zacarias de buscar orientação divina. Um anjo lhe disse: "Zacarias, vai e reúne os viúvos do povo, e aquele que receber um sinal milagroso de Deus, a este será dada a menina como esposa!". José abandonou o seu trabalho e dirigiu-se ao templo, e recebeu o sinal da pomba que pousou em seu cajado. Assim, foi escolhido para receber a "Virgem do Senhor". Ele quis recusar: "Eu já tenho filhos e sou velho, mas ela é uma menina. Temo tornar-me motivo de riso para os filhos de Israel!". Mas foi convencido a aceitá-la como esposa, e disse para Maria: "Maria, eu te recebi do templo do Senhor e deixo-te agora em minha casa e vou embora para realizar minhas construções; depois voltarei para ti... o Senhor te protegerá!".

---

[2] Texto extraído de: SCHNEEMELCHER, W. *Neutestamentliche Apokryphen in deutscher Übersetzung*. 5. ed. Tübingen, J. C. B. Mohr, 1987. pp. 334-349, vol. I. Evangelien.

O texto continua falando de Maria como a escolhida para realizar trabalhos manuais ao templo. E saindo ela para buscar água na fonte, apareceu-lhe um anjo, que anuncia que será a mãe do Altíssimo, o qual se chamará Jesus. Segue-se o relato detalhado das várias reações (de Maria, do templo, de José, do povo) à gravidez de Maria, que foi objeto de muitas difamações e zombarias. Por meio de um ritual religioso, o sumo sacerdote confirma que José e Maria não haviam cometido pecado, isto é, que José não coabitara com a "Virgem do Senhor", mas que ela concebera a criança a partir da poderosa Palavra de Deus, como tinha anunciado o anjo. Há uma detalhada descrição do nascimento de Jesus, da visita dos magos e da perseguição de Herodes.

## Maria nos fragmentos coptas

O segundo apócrifo que queremos abordar são os *fragmentos coptas*, escritos nos séculos 5-6 numa das línguas egípcias antigas. Na segunda parte desses fragmentos, encontra-se a narrativa da traição de Judas, da morte e ressurreição de Jesus. É na ressurreição que a mãe Maria aparece como protagonista. Transcrevo parte do capítulo 3,[3] porque o texto não é tão conhecido:

> As mães que neste mundo viram a morte de seus filhos sentem grande consolo quando vão ao túmulo para ver o corpo daqueles que elas choram [...] (e Maria vê seu filho e disselhe com alegria): "Mestre, meu Senhor, meu Deus, meu filho, tu ressuscitaste em perfeita forma". Ela queria tocá-lo para beijar-lhe a boca, mas ele a impediu, fazendo-lhe este pedido:

---

[3] Texto citado da versão editada por Lincoln Ramos. Petrópolis, Vozes, 1992, pp. 199-200.

"Minha mãe, não me toques, espera um pouco, pois estou com a veste que meu Pai me deu, quando me ressuscitou. Enquanto eu não for para o céu, não é possível que eu seja tocado por qualquer ser carnal. Este corpo é, contudo, aquele com o qual passei nove meses em teu seio... Dou-te certeza disto, minha mãe. Esta é a carne que recebi de ti... Fixa teu olhar em minhas mãos e em meus pés. Ó Maria, minha mãe, fica certa de que tu me nutriste; não duvides, ó minha mãe, que eu seja teu filho. Sou eu que, quando me encontrava pregado na cruz, te entreguei às mãos de João. Agora, portanto, minha mãe, apressa-te em avisar a meus irmãos e dizer-lhes: 'Ide à Galiléia. Conforme as palavras que vos disse, ali me vereis. Apressai-vos, pois não é possível ir para o céu de meu Pai sem vos encontrar'[...]".

Este fragmento evangélico copta destaca Maria como a primeira mulher que viu seu filho ressuscitado. Nele, não é a concepção virginal de Jesus que apresenta problema, mas sim sua ressurreição. Por isso, em uma luta contra tendências gnósticas, acentua a ressurreição do corpo e evidencia Maria como a primeira anunciadora dessa ressurreição. Somente depois, no capítulo 5, é que se menciona o nome de outras mulheres discípulas que vão ao túmulo e o encontram vazio. Esta é uma diferença marcante em relação aos evangelhos canônicos, que também relatam mulheres (Maria Madalena, entre outras) como as primeiras testemunhas e anunciadoras da ressurreição de Jesus Cristo. São, como Maria neste apócrifo, apóstolas dos apóstolos.

Os fragmentos coptas salientam Maria, mãe de Jesus, de novo por ocasião de um diálogo junto ao túmulo com o jardineiro Filogênio, sendo por ele reconhecida como "Maria, a mãe do Filho de Deus". Durante esse diálogo, Jesus ressurrecto aparece, e Maria se dirige a ele, dizendo: *Rabboni*, *Kathiath*, *Thamioth*", que significa: "Filho de Deus onipotente, meu senhor e meu filho". E acontece um longo diálogo entre Maria e Jesus, no qual é louvada por ser Mãe de Deus. Ela recebe de seu filho ressurrecto novamente a incumbência de anunciar a Boa-Nova da ressurreição aos outros discípulos. Nesse contexto, Maria é apresentada como a virgem verdadeira, que, abençoada por seu filho ressurrecto, será bendita por todos em todo o tempo: "O Salvador estendeu sua mão direita e abençoou a virgem... 'Tu serás bendita no céu e na terra; pelos anjos serás chamada cidade do grande rei!'". Aí, diferentemente dos evangelhos canônicos, transparece a temática da virgindade de Maria também após o nascimento de Jesus. O texto continua, afirmando que depois Maria realizou aquilo que Jesus dissera: "Ela afastou-se dali e foi para junto dos apóstolos, a fim de comunicar-lhes que o Senhor havia ressuscitado dos mortos".

## Maria nos dogmas marianos

A Igreja Católica tem quatro dogmas marianos, e os dois primeiros fazem parte da tradição cristã ecumênica, portanto presentes também em algumas Igrejas não-católicas.

### *Maria, a Mãe de Deus*

O primeiro é o dogma de Maria, Mãe de Deus (*Theotokos*), aprovado pelo Concílio de Éfeso, em 431. Ele afirma a encarnação verdadeira de Cristo por meio de seu nascimento. Esse dogma foi elaborado em reação à cristologia nestoriana, que afirmava a maternidade de Maria vinculada estritamente à natureza humana de Cristo. O dogma de Maria, Mãe de Deus, fez surgir um reavivamento ou questionamento das tradições da Deusa Mãe, presentes em tradições religiosas naquele contexto. Coincidência ou não, tal afirmação dogmática se constrói exatamente em Éfeso, cidade dedicada à Deusa Mãe Ártemis/Diana (sobre antigos conflitos com a missão de Paulo, ver At 19,23-40). A proclamação do dogma ocorreu na igreja de Maria, recém-construída sobre as ruínas do templo de Ártemis...

## Maria é virgem antes, durante e depois do parto

O segundo é o dogma da Virgem Eterna (*aei parthenos; semper virgo*), aprovado pelo Concílio em Constantinopla, em 553, e promulgado pelo Concílio Lateranense, em 640. Nele se afirma que Maria foi virgem antes do nascimento de Jesus, durante o parto e após o parto (*ante partum, in partu et post partum Christi*). As Igrejas da Reforma admitiram a maternidade virginal apenas para o nascimento de Jesus, e depois Maria teve uma vida matrimonial normal, dando à luz os irmãos e irmãs de Jesus, conforme relatos bíblicos (Mc 3,31-35; Mt 12,46-50; Lc 8,19-21; At 1,14).

## Maria foi concebida sem pecado original

O terceiro, somente católico, é o dogma da Imaculada Conceição, declarado mediante bula papal, em 1854, por Pio IX, após ter sido discutido durante séculos. O Concílio de Trento (1545-1563) havia adiado esta questão por motivos políticos; uma das críticas a tal dogma é a total ausência de provas da Escritura e da tradição. Ele afirma que a própria Maria tem origem virginal, sendo, portanto, livre do pecado original e podendo ser Mãe de Deus, sem "mácula". Aí se reflete a idéia de Agostinho, para quem o pecado original está vinculado com a sexualidade e é transmitido aos filhos e filhas por meio da relação sexual de seus pais no momento da concepção. Já na antiguidade havia celebrações da Conceição de Maria, sem estar vinculada à doutrina do pecado original. Elas baseavam-se no texto apócrifo, visto antes, que fala sobre a concepção de Maria: contava-se que foi concebida, sob a *Porta Dourada,* durante um abraço entre seus pais, Ana e Joaquim, que, durante muito tempo, foram estéreis.

## *Maria é assunta ao céu*

O quarto dogma, também somente católico, é o da Assunção de Maria, aprovado em 1950 por Pio XII. Afirma-se que Maria é a primeira e única pessoa que já subiu aos céus, e o fiel pode a ela dirigir sua oração. Interessa observar que existe uma interdependência entre os dois últimos dogmas: somente a Imaculada é que pode ser Assunta. Percebe-se forte tendência em hostilizar a sexualidade, no sentido de somente a virgindade em sua forma mais elevada merecer a incorruptibilidade.

# Maria, Mãe de Deus, e divindades femininas

A concepção *Mãe de Deus* evoca associações com divindades femininas no contexto do século I. Não há como negar a existência de vínculos míticos entre antigas deusas e Maria, que, na tradição, foi assumindo atributos e posturas daquelas. Assim acontece, por exemplo, com as imagens da deusa egípcia Ísis, venerada em todo o mundo do Império Romano: ela aparece amamentando seu filho divino Hóros e figura como protótipo para as primeiras imagens marianas. Mas há algo também que distingue Maria de muitas outras deusas: nessa concepção divina, ela aparece totalmente "celibatária", isto é, concebeu Jesus sem fazer sexo.

## *Concepção virginal de Maria*

Tem a ver com a *concepção virginal* de Jesus. Sobre isso, destacam-se algumas questões importantes. A concepção virginal é tematizada tanto em evangelhos canônicos quanto em apócrifos. A questão é: como entendê-la, ou como foi e continua sendo entendida? Na perspectiva da história das religiões antigas, é essencial lembrar que as amazonas figuravam como "povo das virgens", cuja divindade estava representada em

Ártemis. Havia outras deusas virgens, como Astartes, Hera, Vesta, que davam à luz um filho de Deus...

Na antiguidade, Pais da Igreja, entre eles Agostinho, entenderam a virgindade no sentido de negar a sexualidade feminina, tornando-a negativa, a ponto de ser vista como porta de entrada do pecado; e as mulheres figuram como as grandes tentadoras. Então, diante de Maria, "virgem eterna" "imaculada", mulheres "normais" que vivenciam sua sexualidade no cotidiano são diminuídas, desprezadas, oprimidas, consideradas "palha", conforme uma canção da Idade Média.

A Teologia Feminista coloca outra perspectiva para a questão. A simples análise do termo grego *parthenos*, "virgem", aponta para duas possibilidades. Uma é o senso comum que contempla a virgindade num sentido fisiológico. Esta concepção de fato significou historicamente um controle sobre o corpo e a sexualidade de mulheres. Outra hipótese que a palavra oferece é entendê-la como uma atitude de vida que remete a mulher às profundezas do próprio ser, sem depender de homem algum, e com isso causa rupturas epistemológicas e vivenciais dentro de um sistema patriarcal. Nesse sentido, virgindade pode significar autonomia e independência de normas patriarcais que definem como as mulheres devem viver também sua sexualidade. Ser virgem é estar livre do poder de um *pater potestas*, de um homem que tem o direito de exercer autoridade, controle e dominação sobre as mulheres e toda sua casa. Assim, a concepção virginal de Jesus pode indicar para o fato de que nem Maria nem Jesus estavam atrelados ou subordinados a nenhuma forma de poder patriarcal.

## Maria, a nova Eva

Já no século II, o Pai da Igreja, Irineu, oferece indícios para a construção de uma tipologia antropoteológica de Maria, configurando-a como nova Eva, em um claro paralelo à tipologia paulina de Cristo, como o novo Adão. Não a Eva caída, que seduz e se tornou símbolo sexual negativo, mas Maria com alguns atributos como serva, dócil, esposa, mãe (o que nem sempre corresponde a seus atributos evangélicos!), e que passou a ser modelo para a mulher cristã. Essa tipologia repercutiu de forma muito negativa na vida das mulheres, porque oferece apenas a possibilidade dualista de ser santa ou prostituta, desobediente ou obediente...

O Vaticano II (1962-1965), remontando a Irineu, afirma na Constituição sobre a Igreja: "O nó da desobediência de Eva foi desatado pela obediência de Maria; o que a virgem Eva atou por incredulidade, a Virgem Maria desatou por fé [...]; a morte veio por meio de Eva, e a vida por meio de Maria".[4] Esse sistema teológico trabalha com a contraposição de dois tipos ideais de mulheres, e Maria deverá ser o modelo para as mulheres da Igreja. Eva simboliza a feminilidade, a sexualidade ativa e a morte; Maria representa um ideal patrístico e patriarcal da castidade e pureza, da mãe que protege, que é amável e submissa. Nessa perspectiva, Eva configura a "má" sexualidade: ativa, desobediente, independente, e Maria a "boa" sexualidade: passiva, receptiva, submissa e obediente.

Tal mariologia tradicional tem sustentado fantasias e posturas machistas em relação a mulheres reais, que passam a ser taxadas como boas ou más, puras ou sujas, piedosas ou pecadoras, mãe ou prostituta... Essa imagem tradicional de Maria tem criado e reforçado a baixa auto-estima e a subordinação de mulheres na Igreja e na sociedade. A crítica expressa mediante a Teologia Feminista concentra-se exatamente nesse ideal elabo-

---

[4] Apud VUOLA, Eliana. La Virgen Maria como ideal femenino: crítica feminista y nuevas interpretaciones. *Conspirando*. Santiago/Chile, v. 9, p. 13, 1994.

rado no decorrer dos tempos, criado por homens alienados de sua própria sexualidade, mas que repercute na vida sexual de mulheres. Teólogas estão pesquisando e elaborando estudos mariológicos que não sejam hostis a mulheres reais, que vivem e querem viver sua sexualidade sem culpa, libertas das amarras patriarcais de tradições construídas durante séculos por poderes hierárquicos que marginalizam e oprimem mulheres nas suas vivências cotidianas de afetividade, sexualidade, bem como de trabalho e liderança pastorais e comunitárias.

As mulheres querem vivenciar a espiritualidade de forma profunda, sem negar sua sexualidade, sem dualismos nem culpa, mas de forma prazerosa, na construção de relações de gênero que não oprimam, nem marginalizem, nem discriminem ninguém.

## Na atuação das mulheres, a resistência e a transgressão à lógica do mercado

Esta seção apresenta uma visão teológico-cultural a partir dos Evangelhos, pois neles não há textos que falem explicitamente de como mulheres cuidavam das questões econômicas, no tempo de Jesus e nos começos da Igreja cristã. Também não temos textos evangélicos que digam como as mulheres devem se comportar em relação ao dinheiro e seu gasto.[5] O que temos são vários textos que documentam, direta ou indiretamente, sobre alguns aspectos do cotidiano econômico de mulheres que aderiram ao movimento de Jesus ou a comunidades judeo-cristãs originárias. É isto que queremos visualizar e compreender dentro do contexto mais amplo.

---

[5] Somente as cartas pastorais, por exemplo 1 Timóteo, contêm uma lista de "coisas proibidas" economicamente para mulheres, em uma perspectiva da cultura patriarcal.

## *"Não podeis servir a dois senhores... Mamon [Dinheiro] ou Deus"*[6]

A lógica do mercado baseia-se não só na produção e no consumo dos produtos, mas também no amor à riqueza. Esse amor à riqueza é chamado e denunciado como sendo *mamon*. Nem sempre, porém, quando se trata de questões econômicas, estamos diante da situação de *mamon*. Sabe-se que a existência de dinheiro — e seus equivalentes — é necessária para a sobrevivência, tanto hoje como na época do Segundo Testamento. De um lado, havia a classe baixa que produzia o dinheiro mediante seu trabalho: manufaturas, artesanato, pequeno comércio, pesca, produtos agrícolas, prostituição etc. De outro lado, a classe rica produzia o dinheiro mediante o seu acúmulo, o empréstimo a juros, arrendamentos de terra, a venda de produtos em larga escala (veja Ap 18,3.11-15), compra e venda de pessoas escravas etc. Estamos, pois, ante uma clara divisão socioeconômica da sociedade.

O questionamento dos evangelhos não se dá em relação a ter o necessário para bem viver. A questão-chave é o acúmulo e o que ele gera para outras pessoas. A ganância pode estar atrelada ao desejo de descobrir novas fontes de renda, de acumular, de querer ter mais (*pleonexía* = ganância). Não é à toa que o tema "ganância" estava e está vinculado ao tema do mercado, da produção e da venda, da criação de mecanismos de dependência e endividamento, tanto para mulheres como para homens. Na ganância, como veremos, está a origem de muitos males. E a crítica a ela, a este "querer-ter-mais", é articulada não apenas em textos neotestamentários, mas também por outros escritos da época. Comecemos por estes últimos.

---

[6] Cf. Mt 6,24.

Escritores críticos greco-romanos se posicionam em relação a tal temática. Plínio, o Velho, faz uma crítica à ganância do mercado numa perspectiva ecológica — se assim podemos expressar-nos atualmente. Ele a acusa de ser responsável por pessoas revirarem a terra em busca de ouro e prata... Trata-se do trabalho em minas. Essas minas consistem numa agressão contra a Mãe Terra. Penetra-se nela como se não fosse "boa e produtiva o suficiente ali, onde a pisamos [...]. O pior crime contra a humanidade começou quem, por primeiro, colocou um anel de ouro no dedo [...]. O próximo crime cometeu quem por primeiro cunhou um denário de ouro [...]. Mas é do dinheiro que provém a primeira fonte da ganância, quando se planejou a usura e uma atividade 'de-não-fazer-nada' para enriquecer".[7] Também Plutarco refere-se à ganância como motor da lógica do mercado, denunciando que "o desejo por dinheiro não é satisfeito por prata e ouro, e a ganância não pára de incentivar e produzir o mais".[8]

O Segundo Testamento também critica a ganância como o motor da economia baseada no dinheiro, o que, nas palavras de Cl 3,5 e Ef 5,5, corresponde à idolatria. Vítimas dessa economia são as pessoas empobrecidas, no campo e na cidade. O acúmulo de mercadoria e de dinheiro é criticado, porque se opõe ao projeto de Deus, que é justiça baseada na partilha e na solidariedade (ver Lc 12,16-21).

A ganância não é problema moral, mas estrutural, com base na economia de mercado voltada ao dinheiro. Suas conseqüências são, entre outras, a carestia e o aumento de preço de cereais que assolam as populações empobrecidas (Ap 6,6). Para participar da lógica do mercado e conseguir dinheiro necessá-

---

[7] Citações extraídas de Plínio, o Velho, *História Natural*, livros 32 e 33.

[8] Plutarco, *Sobre o amor à riqueza*, Mor. 523 E.

rio para tal, passam a ser realizadas toda série de práticas como usura, roubo, extorsão etc., e é por isso que a ganância é tratada como idolatria nos "catálogos de virtudes e vícios" (Cl 3,5-17; Ef 5,3-13). A ganância que sustenta a lógica do mercado não é condizente com a fé cristã, pois coloca o dinheiro, como deus Mamon, em primeiro lugar na sua vida, em vez da partilha, da solidariedade e da prática da justiça e comunhão.

É nesse sentido que devemos entender a admoestação e crítica expressas também em 1Tm 6,10-11:

> Porque o amor ao dinheiro é a raiz de todos os males; e alguns, nessa cobiça/ganância, se desviaram da fé e a si mesmos se atormentaram com muitas dores. Mas tu, ó criatura de Deus, foge de tudo isso, e segue a justiça, a piedade, a fé, o amor, a perseverança, a mansidão.

## Uma tríade opressora: ganância–mercado casamenteiro–discriminação de mulheres

Dentro do contexto do século I, a construção da estrutura, a dinâmica e o funcionamento do mercado são androcêntrico-patriarcais. Disso faz parte toda uma ideologia do que se considera um trabalho digno de homens cidadãos livres. Para Cícero, trata-se de atividades rentáveis, nas quais não é necessário pôr a "mão na massa". Ainda conforme Cícero, todo "trabalho sujo", manual, de gente humilde, de mulheres e pessoas escravas é considerado não-digno. Mesmo assim, importante é que também — ou principalmente — esse trabalho traga dividendos para manter o povo trabalhando e alimentando o mercado.

### A economia androcêntrico-patriarcal

Como essa estrutura econômica androcêntrica e patriarcal se reflete na vida de mulheres? Podemos percebê-la presente no cotidiano, na compra ou na produção do pão e das tintas, na prostituição, no trabalho escravo e diarista. Tal lógica do mercado penetra o interior das famílias quando, por causa de um processo de endividamento, mulher e crianças eram vendidas como escravas para saldar a dívida (Mt 18,25).[9] É essa lógica também que estipula qual mulher é "boa" e qual é "má", como poetizam vários autores, entre eles Hesíodo: mulher e esposa boa é a que economiza e acumula; esposa e mulher má é aquela que esbanja. Família e mercado, portanto, estão vital e ideologicamente interligados. É por essa razão que gostaríamos de ressaltar, aqui, um lugar onde isso fica bem marcante. Trata-se da ligação entre a lógica do mercado e o "arranjar casamento".

Tal ligação é alicerçada mediante o *dote*, com o qual o noivo pode explorar financeiramente o futuro sogro. No caso, é a quantia paga pelo pai da noiva para que o noivo se case com ela, o que no mínimo significa 200 denários, o equivalente a 200 dias de trabalho diarista (ver Mt 20,1-16). Mulheres ou suas famílias precisam pagar pelo casamento e, com isso, as famílias passam por um processo de concorrência financeira: quem paga mais?!

A prática gananciosa vinculada à lógica da economia androcêntrica do mercado que gera lucro/acúmulo é criticada, por exemplo, em 1Ts 4,3-8, onde transparece a vinculação entre vida sexual/casamento e lógica do mercado. Estas palavras do apóstolo Paulo são dirigidas especificamente para homens noivos que querem lucrar com o casamento, transformando o corpo da mulher noiva em objeto mercantil:

---

[9] Para maiores detalhes, ver: REIMER, Haroldo & RICHTER REIMER, Ivoni. *Tempos de graça*: o Jubileu e as tradições jubilares na Bíblia. São Paulo/Petrópolis, Cebi/Paulus/Sinodal, 1999. pp. 133-139.

Pois esta é a vontade de Deus: vossa santificação. Isso significa que vos abstenhais da prostituição, sabendo cada um de vós adquirir seu "vaso"[10] (*skeuos*) em santificação e honra; não na paixão dos desejos, como o fazem os gentios que não conhecem a Deus. Isso significa concretamente: nessa ocasião não prejudicando nem sendo ganancioso em relação a seu irmão, pois o Senhor vigia com o seu direito sobre todas essas ocasiões...

Nesse texto, Paulo critica a ganância do jovem noivo que quer fazer do casamento um negócio financeiro de exploração da família da noiva ("adquirir", "ser ganancioso"). O que Paulo, no entanto, não censura é o fato de mulheres, dentro dessa lógica, serem rebaixadas a "vasos", a recipientes sexuais,[11] e por esse motivo tratadas como objetos sexuais, legitimando a ideologia da discriminação e subserviência. Ele, portanto, não reconhece e por isso não denuncia o desprezo e a discriminação de mulheres dentro das dinâmicas do sistema mercadológico do casamento; não lhe parece ser uma agressão à integridade e à identidade da mulher. Questiona apenas a ofensa que a avareza do noivo pode significar para a vida do pai da noiva. Mais uma vez se constata, então, que Paulo é fruto de seu tempo, e dentro dele tem suas limitações. Também sua palavra, portanto, precisa ser relida a partir desse contexto específico, igualmente como circunstancial e limitada.

A lógica do mercado, baseada numa estrutura econômica androcêntrica e patriarcal, transforma pessoas em meios, instrumentos e objetos da produção do "mais", que permite a

---

[10] O termo grego *skéuos* "vaso", "recipiente", normalmente é traduzido nas nossas Bíblias como "corpo", "parte mais frágil", aludindo à mulher/esposa.

[11] Ver, a esse respeito, RICHTER REIMER, Ivoni. *O belo, as feras e o novo tempo*. São Paulo/Petrópolis, Cebi/Vozes, 2000. pp. 97-99. O mesmo acontece em 1Pd 3,7.

manutenção e expansão do mercado, na medida em que também mais e mais pessoas usufruem menos e acabam sendo excluídas dos benefícios produzidos por ele. Nesse momento, perguntamo-nos e buscamos testemunhos que demonstrem se e como mulheres reagiam a essa lógica; se e como mulheres se opõem propositivamente a esta? Nessa busca, percebemos muitas narrativas que falam de iniciativas que subvertem, que desalojam essa lógica do mercado. Mencionamos, em primeiro lugar, brevemente algumas para depois, num segundo momento, aprofundar duas vivências evangélicas.

## Transgredir criando modelos paralelos

Sabemos por meio de ideólogos greco-romanos que a célula-base da sociedade patriarcal é a família patriarcal: ela dava sustentação a essa lógica do mercado, ancorada na estrutura hierárquico-patriarcal político-social. Transgredindo-se a ideologia dominante, transgredia-se também a lógica do mercado, e vice-versa. E isto se dava tanto no trabalho produtivo quanto no reprodutivo, na vivência da sexualidade. Veremos, aqui, a questão do trabalho e, em seguida, a questão da sexualidade.

A literatura apocalíptica percebeu e testemunhou que o perigo não era produzir e vender os produtos para se viver dignamente com o fruto do seu trabalho. O problema residia na forma de produção e de mercantilização. Assim, Ap 18 resume a crítica à lógica e à prática do mercado hierárquico-patriarcal: aponta-se para os grandes e poderosos da terra e da cidade. São os reis, os mercadores,[12] os donos de navios que transportavam produtos no mercado internacional. Eles se prostituem e

---

[12] O termo grego *émporoi* designa os mercadores que trabalham em larga escala, os quais, no processo de produção, exploram a mão-de-obra escrava ou diarista. Eles não "põem a mão na massa"; só lucram.

fazem prostituir. Constroem a luxúria e usufruem-na na cidade. É por causa disso que o texto fala para as pessoas cristãs não participarem dessa lógica e dinâmica: "Fugi, fugi da cidade e da lógica do seu empório" (Ap 18,4-5.11-17).

Textos bíblicos que retratam pessoas cristãs trabalhando na produção, na compra e venda de produtos demonstram uma outra lógica. Elas são expressão de uma resistência clandestina: mesmo que quem ali trabalhe ande pelos centros de poder, não participa deles.

Nesse sentido, podemos lembrar de Paulo, Priscila e Áquila: produziam tendas com as próprias mãos. Trabalho duro e fatigante. Vendiam-nas para poder viver com sua renda e, assim, continuar o trabalho missionário. Lembramo-vos também de Tabita: em sua comunidade-casa, produzia roupas para vestir as viúvas. Viviam e trabalhavam em conjunto, celebrando a diaconia. Lembramo-nos ainda de Lídia e do grupo de mulheres com ela: produziam e vendiam tintas e tecidos de púrpura vegetal para poder viver de modo digno e independente, migrando de cidade em cidade.[13]

É assim que comunidades cristãs criavam células paralelas à sociedade patriarcal: trabalhando e vivendo em grupos alternativos, para adquirir e manter a dignidade e a liberdade, para construir e sustentar comunidades de fé e de acolhida, para compartilhar enviando dinheiro a pessoas e comunidades necessitadas... É assim que vão criando células de resistência!

Disso tudo podemos provisoriamente concluir que, a exemplo de experiências narradas em textos neotestamentários, fugir da lógica do mercado significa construir modelos alter-

---

[13] Para maiores informações desses textos de Atos dos Apóstolos, ver RICHTER REIMER, *Vida de mulheres...*, op. cit.

nativos de vida que se orientam e funcionam a partir da lógica do Reino de Deus, do trabalho livre e criativo, do desfrutar o trabalho e a partilha. Tudo isso é expressão de solidariedade e esperança. É possível ser diferente. Ontem e hoje.

## Transgredir saindo do mercado "casamenteiro"

Para a ideologia dominante daqueles tempos bíblicos — e não só daqueles! —, a sexualidade estava ligada à procriação e à subserviência das mulheres aos homens. Como vimos, Cícero afirmava que ao povo cabia dar a "prole" para o funcionamento da sociedade hierárquico-patriarcal: as mulheres produziam crianças para reproduzir o sistema, para fazer a lógica do mercado funcionar por meio do trabalho escravo ou diarista, que produz o "mais" para os grandes proprietários e mercadores. Conforme Cícero e também alguns textos neotestamentários, como Cl 3,18–4,1; Ef 5,22–6,9; 1Pe 2,13–3,7, fortemente influenciados pela ideologia dominante, as mulheres — principalmente as casadas — deveriam ser submissas aos homens, não se intrometer em assuntos públicos/políticos e educar seus filhos — principalmente homens — a serem fiéis e obedientes filhos e cidadãos. Assim, a reprodução do sistema dominante se dava nas casas. Mas foi exatamente aí, nas casas, que também se começou a subverter essa mesma ordem do sistema. Isso se dava nas "igrejas nas casas", como o foram as casas de Tabita, de Lídia, de Maria... onde mulheres assumiam funções de liderança religiosa e social, construindo outra qualidade de relações entre as pessoas: não de subserviência e submissão, mas de liberdade e de solidariedade, de compromisso com a vida.

Para que mulheres pudessem viver dessa maneira, muitas vezes se fez necessário inclusive viver de forma celibatária, abandonando o modelo da casa patriarcal. O celibato feminino era uma das poucas possibilidades de transgredir a lógica do mercado casamenteiro da época.[14] Fugir da prática do abuso sexual, do mau uso da sexualidade, destinada apenas à procriação, e da submissão ao marido, em geral, apenas era possível mediante a negação do casamento patriarcal. E muitas mulheres encontraram essa alternativa exatamente na vivência da fé judaica e cristã.

Um exemplo de tal prática subversiva nos é transmitido no texto apócrifo dos "Atos de Paulo e de Tecla".[15] A protagonista é a jovem Tecla, noiva do rico Tamiris, de Icônio. Quando ela, no entanto, ouviu as pregações do apóstolo Paulo, que falava sobre abstinência, justiça e ressurreição, converteu-se ao cristianismo. Passou a seguir Paulo, abandonou o noivo e tornou-se missionária. Como medida para reinstalar a "ordem" patriarcal, o noivo abandonado, Tamiris, imediatamente foi falar com o procurador, denunciando Paulo e sua prática missionária como subversiva, porque levava as mulheres a transgredir as bases construtoras daquela sociedade. Mais tarde, em Antioquia, nas suas viagens missionárias ao lado de Paulo, Tecla foi violentamente atacada na rua pelo jovem sírio Alexandre. Ela, sem ajuda de Paulo, se defendia, gritando: "Não violentes uma serva de Deus!", e lhe rasgou a roupa, tornando-o motivo de zombaria. Então, ele a levou ao procurador, que a condenou à arena...

## Jesus questiona o modelo familiar patriarcal

Desse e de outros relatos é possível perceber que o movimento de Jesus acolhia e compromissava homens, mulheres

---

[14] Maiores detalhes podem ser obtidos por meio de RICHTER REIMER, Ivoni. Sexualidade em tempos escatológicos: uma aproximação à problemática do casamento e celibato, nos dois primeiros séculos cristãos, *Revista de Interpretação Bíblica Latino-Americana*, Petrópolis/São Leopoldo/São Paulo, Vozes/Sinodal/Imprensa Metodista, vol. 29, pp. 107-121, 1998.

[15] *Os Atos de Paulo e Tecla* é um livro apócrifo, não-canonizado, proveniente do século II. Com ele podemos enriquecer informações sobre o contexto histórico-social e sobre a participação de mulheres no movimento missionário.

e crianças a viver uma vida liberta e solidária, redimensionando as prioridades pessoais e rompendo as delimitações sociais, reorientando-as. Jesus questiona a família-célula patriarcal, ampliando seu significado (Mt 12,46-50). Nesse contexto podemos perceber e entender o fato de que mulheres casadas chegavam a abandonar seus maridos, para se colocar a serviço do projeto de Jesus, seguindo-o como discípulas fiéis, como provavelmente é o caso de Joana, mulher de Cuza, o administrador de Herodes (Lc 8,1-3). A ruptura com Cuza era, sem dúvida, inevitável, visto ser inimaginável uma mulher casada, pertencente à classe dirigente, sair peregrinando com um grupo considerado subversivo e perigoso para a corte de Herodes, na qual todos os funcionários e suas famílias deviam fidelidade ao rei...

Com Joana estavam também Maria Madalena, Susana e muitas outras mulheres, que seguiam Jesus desde a Galiléia até Jerusalém de forma independente, sem que precisassem de algum homem junto delas, e muito menos de consentimento. Elas colocavam tudo o que tinham, e conforme suas possibilidades, à disposição do movimento de Jesus, do qual tomavam parte como discípulas. Igualmente se inclui aí o grupo de Lídia, o de Tabita, de Maria e tantas outras comunidades, nas quais o casamento não era condição nem imposição. Mulheres participavam enquanto mulheres. É bem provável que, em Jesus, no anúncio e vivência da Palavra de Deus, elas encontrassem fundamentos de dignificação e liberdade comprometida com o Reino de Deus, que ia se concretizando no cotidiano.

No movimento de Jesus e em comunidades paulinas, portanto, o casamento e a procriação não eram pressupostos para a plena realização da humanidade de mulheres e de homens. Isso não significa que não houvesse casais que igualmente compartilhavam de tais movimentos, como é o caso de

Priscila e Áquila. Estes, porém, eram casamentos bem diferentes dos previstos na ideologia dominante, visto que a mulher desempenhava papel social de liderança pública, não sendo dependente do marido.[16]

Mulheres e também homens transgrediam, assim, a lógica do mercado casamenteiro. Esse era um dos motivos pelos quais o movimento de Jesus e mais tarde as comunidades cristãs originárias eram, de fato, células de resistência e de subversão dentro do sistema patriarcal ideológico e econômico do Império Romano. Há, no entanto, ainda outros textos neotestamentários que apresentam formas diversas de resistir e subverter. Vejamos.

## Transgredir esbanjando

Quero, a seguir, aprofundar duas vivências evangélicas que testemunham como mulheres agiam propositivamente dentro do judaísmo e do movimento de Jesus, transgredindo a lógica do mercado.

### O desperdício como oferta agradável a Deus

O texto de Mc 12,41-44 (Lc 21,1-4) narra uma cena no templo. Os sujeitos são Jesus, seus discípulos, uma viúva pobre e muitas pessoas. Encontram-se junto ao *gazofilácio*, lugar onde as pessoas que professavam a fé judaica depositavam suas ofertas. Aí havia 13 urnas para o depósito das ofertas. Conforme tradição judaica, cada urna tinha uma etiqueta indicando a finalidade específica da oferta: "ouro para o Santo dos Santos", "lenha para sacrifício", "incenso", mas havia ainda urnas para "ofertas voluntárias". Nessas urnas depositava-se um valor predeterminado pelos sacerdotes. Era costume que, quando

---

[16] Sobre isto e os argumentos, ver RICHTER REIMER, *Obra de mulheres...*, op. cit.

alguém punha uma quantia, se anunciasse em público também a finalidade. Jesus estava aí, com outras pessoas, observando. Sem vergonha, sem esconder-se. Afinal, a oferta era pública...

Interessante observar que a narração, tanto em Marcos quanto em Lucas, não menciona a finalidade das ofertas, nem das pessoas ricas nem da viúva pobre. Disso se pode deduzir o seguinte: as ofertas deviam estar sendo depositadas numa das seis últimas urnas, nas quais eram colocadas ofertas voluntárias, não prefixadas em seu valor. Com essas oferendas compravam-se animais para o sacrifício religioso. Pensava-se que as ofertas voluntárias fossem dedicadas, de modo exclusivo, a Deus e, por isso, tal sacrifício também seria quase que totalmente para Deus: "A carne para Deus e a pele para os sacerdotes", diz um texto do Talmud.

## Interpretação à "oferta da viúva pobre"

Normalmente a narrativa da "oferta da viúva pobre" é interpretada em duas direções: a) As ofertas mencionadas seriam utilizadas para o trabalho e o cuidado com as pessoas pobres (diaconia). Nesse caso, a viúva pobre seria solidária com pessoas que estavam em situação parecida ou pior que a dela própria. Disso se deduziria o ensino: também os pobres, por menor que seja sua ajuda, podem colaborar financeiramente. No entanto, essa motivação enfrenta uma dificuldade básica, visto que, no templo, havia urnas específicas para as esmolas e ofertas destinadas aos pobres. Não é aí que a viúva pobre deposita suas duas moedas. b) Outra interpretação mais eclesiástica usa esse texto para argumentar a participação de pessoas, ricas e pobres, no sistema de arrecadação de fundos para a manutenção da Igreja, seja por meio do sistema dizimista ou voluntário. Neste caso, o ensino seria: Deus (isto é, a Igreja) se alegra com grandes e pequenas ofertas, pois o importante é que sejam dadas de coração, com desprendimento. Essa explicação, além de ser muito parecida com a primeira, é forçada, visto que a problemática do texto não é a instituição Igreja, nem seus sistemas de arrecadação de dinheiro.

Penso que um terceiro caminho — e talvez o mais correto hermenêutica e historicamente — seja o de entender melhor o texto numa *perspectiva religiosa*, perguntando pelo significado da oferta e da prática do sacrifício para quem o realiza, e não para a instituição. Por que pessoas pobres fazem sua oferta?

Pelos costumes e textos judaicos, relatados antes, é difícil entender a prática da viúva pobre como desprendimento de si mesma ou como esmola para outros pobres. Ao contrário: ela pode estar agindo em seu próprio favor, na medida em que atua em benefício somente de Deus! Afirma o texto que ela coloca a "sua própria sobrevivência" como oferta destinada para a compra de animais, para serem oferecidos em sacrifício a Deus. Tudo o que tem oferece a Deus. E com isso pode estar se afastando do poder sacrificial do mercado. Ela esbanja todo seu dinheiro, dedicando-o a Deus. Mas por quê? Em que consiste a diferença de sacrifício?

## Semelhanças da "oferta da viúva" com o texto antigo

Há um texto antigo que fala de certo homem pobre que também faz oferta à divindade, o qual traz algumas semelhanças de fundo histórico-religioso com nosso texto do evangelho. Vejamos:

> Cansado pelos anos de caça e pela idade, Ciniro ofereceu para as ninfas, agradecido, esta rede de caça que tanto trabalhou. Pois as suas mãos trêmulas já não podem mais balançar fortemente, em círculos, as malhas para arremessá-las sobre as presas. Mesmo que ela seja pequena, a sua oferta, não dei-

xem de aceitá-la, ó ninfas! Pois nela é que Ciniro encontrou todo o motivo de sua existência (*Antologia Grega* VI, 25).

O termo grego aí utilizado para "existência" é o mesmo que aparece na narrativa bíblica da viúva pobre: "ela depositou toda a sua existência" (Mc 12,44 — *bíos*). São muitas as histórias narradas daqueles tempos em que pessoas idosas, enviuvadas e empobrecidas oferecem "tudo o que têm", seu meio de sobrevivência (seja dinheiro, seja meio de produção), à sua divindade, e dela esperam ajuda para continuar vivendo. O significado religioso de tais ofertas consiste, exatamente, nisso: pessoas idosas e empobrecidas colocam seu meio de sobrevivência aos cuidados da divindade, e isso aumenta nelas a esperança de poderem contar com sua ajuda para a sobrevivência nos dias ruins que virão. Assim, essa expressão de ofertas religiosas, em diferentes formas de sacrifício, demonstra uma relação poderosa entre a divindade e as pessoas que fazem a oferenda de sacrifício.

A partir disso, propomos o seguinte: o texto bíblico deve ser entendido com base na situação de necessidade e da ação da viúva. Ela entrega sua existência — aqui simbolizada pelo dinheiro que necessita para sobrevivência do dia — a fim de participar de um sacrifício dedicado a Deus. Esse seu gesto expressa total confiança em Deus, do qual espera proteção. Expressa, também, que ela não quer mais ser escrava de sua pobreza, que a obriga a reduzir sua vida a duas moedinhas, numa mísera situação de sobrevivência. Tal ação confiante em Deus demonstra, por outro lado, que ela não mais quer acreditar no poder que o dinheiro exerce sobre as pessoas, determinando sua vida, seja para sobrevivência, seja para acúmulo. Desiste do poder que o mercado da exclusão exerce, forçando-a a viver precariamente à custa de algumas moedinhas. E por isso esbanja seu dinheiro! Esbanjar pode aí significar a tentativa de libertar-se das amarras e das determinações do dinheiro.

Esse tipo de prática religiosa, bem como a abordagem hermenêutica proposta, recebe a seguinte reação racional e materialista: em vez de ofertar seu último dinheiro, a viúva deveria ao menos ter comprado uma porção de comida para aquele dia. Vai entender os pobres! Onde é que já se viu, depositar tudo o que tem para oferecer um sacrifício a Deus? E Deus precisa desse sacrifício?

O texto, porém, pode exatamente estar questionando tais concepções e comportamentos. Segundo este, parece que a lógica da viúva — representativa para muitas outras pessoas idosas e empobrecidas, não só de sua época — transgride a lógica "normal" da mercadologia. Ela desiste de agarrar-se no que tem para sobreviver. Abre mão do acúmulo e da miséria! Diz um basta a esse sistema de gestação de "dia-de-miséria" após "dia-de-miséria". Pelo contrário, ela opta por confiar em Deus. Ela crê no Deus que, pela tradição judaica e cristã, ouve o clamor das viúvas e lhes atende, defendendo o seu direito (Dt 10,17-18; Ex 22,22; Sl 68,5; Lc 18,1-8). Sem dúvida, do ponto de vista "mercadológico", esta é uma opção arriscada... mas também não é arriscado apostar no dia-a-dia da sobrevivência miserável, dentro da lógica do sistema?

## Jesus honra a "oferta da viúva"

O texto nos convida a olhar para a reação de Jesus. Será que ele entendeu a transgressão da viúva diante do mercado da manutenção da pobreza do "dia-após-dia"? Perante os discípulos, ele profere a sentença profética: "Em verdade vos digo...". Em primeiro lugar, é importante perceber que Jesus não critica a prática do sacrifício no templo. Ele concentra sua atenção para honrar a atitude da mulher como uma ação que aos olhos de Deus é libertadora. Pela afirmação de Jesus, percebe-se que o agir da mulher viúva torna-se paradigmático para outras pessoas que compartilham de sua pobreza: elas têm algo a esperar de Deus!

A Palavra de Jesus, que honra a grandiosa oferta da viúva pobre para o sacrifício no templo, dirige-se a seus discípulos e discípulas. O movimento de Jesus procurou concretizar a esperança das pessoas empobrecidas por meio de curas e de milagres de partilha. Quem oferta algo para fazer um sacrifício a Deus não espera ajuda para o além, mas sim receber socorro na vida presente. Assim, esse texto é um chamado para quem se coloca no discipulado de Jesus: aquele que segue a Jesus deve tornar-se a mão de Deus que, neste momento, partilha o pão com as pessoas necessitadas. Com isso, rompem-se as dinâmicas do acúmulo mercadológico.

Em seguida, vamos analisar um texto que nos mostra outra forma de andar e atuar contra a lógica do sistema, na medida em que a pessoa que produz algo não se orienta pelos ditames do mercado, mas resolve, ela própria, o que fazer com aquilo que produz.

## O desperdício como boa ação para Jesus

A narrativa de Marcos 14,3-9 é muito conhecida. Aqui, queremos enfocá-la não apenas em perspectiva teológica, no sentido de afirmar que a mulher realiza funções sacerdotais de ungir o rei. Desejamos observá-la em um ponto de vista do cotidiano, que também está permeado por questões produtivas e econômicas. Destacamos, como na abordagem anterior, que a narrativa da mulher que ungiu Jesus igualmente é marcada pela tônica do "esbanjar". O que ela esbanja e "desperdiça" está representado por um produto precioso: trata-se de um perfumado óleo de nardo.

Essa narrativa é testemunhada nos quatro evangelhos (Mc 14,3-9; Mt 26,6-13; Lc 7,36-50; Jo 12,1-8), o que demonstra não apenas que era muito conhecida, mas também reconhecida em todas as comunidades judeo-cristãs no final do século I. Uma rápida comparação sinótica — considerando paralelamente também o texto de João — destaca alguns elementos importantes que podem remeter ao contexto e ao sentido histórico-eclesial da narrativa:

- A mulher é descrita como anônima em Marcos e Mateus; em Lucas, ela é uma pecadora na cidade; em João, trata-se de Maria.

- A unção é feita com precioso óleo de nardo perfumado: em Marcos e Mateus temos uma unção de cabeça/corpo, que está vinculada à história da paixão de Cristo; em Lucas e João, trata-se de uma unção de pés.

- A reação à prática da mulher, por parte de pessoas que estão junto a Jesus, é hostil; Jesus, porém, a acolhe e honra.

- A narrativa vincula a unção de Jesus com a problemática do "dinheiro".

É provável que as quatro narrativas falem do mesmo evento. Em todo caso, trata-se sempre de uma protagonista mulher que unge Jesus. Essa unção é interpretada pelo próprio texto, na sua compilação final, como sendo uma antecipação ao ato de embalsamar Jesus para a sepultura.[17] É uma história

---

[17] A unção também era utilizada como entronização de reis. Assim, essa história também pode ser lida como a unção do Messias. Conforme os evangelhos, no entanto, Jesus já havia sido professado como Messias (Mt 16,13-20; Mc 8,27-30; Lc 9,18-22; Jo 11,27) e, de acordo com o relato de Marcos e Mateus, a unção tem lugar dentro da história da paixão de Cristo e o próprio contexto a interpreta como unção antecipatória para o sepultamento. Para mais detalhes, ver nota 15.

de unção, história de mulher, história que envolve dinheiro e reflete a lógica do mercado da época. O texto coloca, nitidamente, o tom polêmico dos discípulos, em relação à mulher, na acusação de "esbanjamento". O que a mulher faz transgride a lógica "mercadológica", na medida em que não vende o produto, mas o esbanja para ungir Jesus, para praticar nele uma boa ação.

As quatro narrativas evangélicas podem ser entendidas como "história de mulher", que reflete dificuldades de homens em relação a atuações femininas públicas e independentes. Essa postura é questionada por Jesus. Conforme Marcos e Mateus, a "boa ação" da mulher é aprovada por Jesus, pela fala profética e solene "em verdade vos digo". Com isso, ele compromete o grupo de discípulos e discípulas a manterem vinculados o anúncio do Evangelho de Jesus Cristo com a memória dessa mulher.

## O relato da experiência da mulher anônima

Queremos, neste momento, destacar a narrativa conforme o evangelho de Marcos. Faço-o de forma reconstruída, na perspectiva da própria mulher anônima:

> Encontrava-me na pequena aldeia de Betânia, nas proximidades de Jerusalém. Ali eu passei a conhecer Jesus de Nazaré muito melhor. De dia ele ia a Jerusalém e de noite pernoitava em Betânia. Assim como seus discípulos e discípulas, que vieram com ele desde a Galiléia, também eu passei a acompanhá-lo nas suas idas a Jerusalém. Ali, ele passava dias marcados por conflitos, e corria perigo de morte por causa de suas afirmações e ações: elas ofendiam a moral e os costumes da elite religiosa do nosso povo. A gente podia perceber que sua atuação seria punida. E a pior punição era a pena de morte romana, ainda mais quando solicitada por nossa elite religiosa... Nas falas e ações de Jesus eu, no entanto, reconhecia cada vez

mais que ele era nosso Messias esperado. Aliás, nossa irmã Marta já havia me falado a respeito disso, e ela acreditava firmemente em Jesus como Messias! O irmão Pedro também já havia confessado isso. Também eu passei a crer nisso, na medida em que reconhecia a ação salvífica de Jesus, por onde ele passava: pessoas cegas recuperavam a visão, paralíticas passavam a caminhar, empobrecidas eram dignificadas na vivência da acolhida e da solidariedade. O Reino de Deus se fazia presente, irrompeu com Jesus de Nazaré!

Em Betânia, eu trabalhava, com outras mulheres e algumas crianças, na produção de óleos e cremes perfumados. Usávamos principalmente folhas, flores e raízes de uma planta especial, chamada nardo. Esse tipo de planta foi trazido por mercadores do Oriente, e passamos a cultivá-la, porque seu perfume e seu valor medicinal eram muito bons.[18] Essa produção garantia nosso sustento e com ela até melhoramos o nível de vida.

Todo o nosso grupo em torno de Jesus — e ele mesmo — sabia que a elite religiosa do nosso povo estava querendo sua prisão e morte. Era o que eles diziam. Não suportavam a atuação de Jesus, e a idéia de que Deus nele se encarnou lhes era insuportável blasfêmia... Eu previa o pior. E começamos a ter medo, pois afinal se Jesus, nosso líder e Senhor, corria perigo de morte, nós também corríamos.

Foi assim que, dois dias antes da Páscoa, quando estávamos de volta a Betânia e Jesus estava hospedado na casa do leproso Simão, um fariseu muito piedoso, segui uma profunda intuição, um chamado de Deus para fazer a única coisa que naquele momento estava ao meu alcance. Iria ofertar meu precioso produto de óleo perfumado para ungir meu Salvador

---

[18] Valiosas informações sobre o nardo em Plínio, *História Natural*, livros 12 e 13. Seu nome, na homeopatia, também é conhecido como Valeriana.

para a sepultura. Já sabíamos que ele era o Messias. E agora estávamos intuindo que ele sofreria a morte como mártir.[19]

Foi assim que assumi a atitude profética de simbolicamente preanunciar a morte de Jesus e de ungi-lo antecipadamente para a sepultura. Esta seria minha oferta de amor.

E assim aconteceu. Entrei na casa de Simão — não tínhamos medo de nos contagiar com sua doença e não o marginalizávamos por sua situação de impureza — e encontrei Jesus com outros discípulos e discípulas bem na hora da refeição. Como era costume, conversavam sobre textos da Torá e sobre os últimos acontecimentos em Jerusalém. Aproximei-me com meu vaso de alabastro e nos saudamos com carinho. Quebrei o gargalo do vaso para dele poder extrair o precioso e puro perfume de nardo para embalsamar o corpo de Jesus. Vagarosamente derramei o óleo sobre sua cabeça e, sob sua túnica, ele escorreu pelos seus ombros, braços, tórax, abdômen, órgãos sexuais e pernas... Estava ungido, o nosso Messias-mártir. Senti que Jesus entendeu e aceitou meu gesto profético simbólico. Alguns dos que ali estavam, no entanto, ficaram indignados e irritados com o meu gesto, pois concentraram sua atenção somente no valor monetário do óleo perfumado e não no valor do gesto simbólico. Mais uma vez não entenderam a profundidade do que estava acontecendo. Acusaram-me diretamente de desperdício e, com isso, indiretamente também acusavam Jesus por estar aceitando o mesmo. Esperavam que ele me repreendesse. E justificaram a acusação, alegando que os pobres necessitam de ajuda, de boas ações, visto que, se o óleo fosse vendido, ele

---

[19] Era costume ungir para a sepultura (adiantando o ato de embalsamar) pessoas judias e cristãs que estavam sendo perseguidas, ameaçadas ou enfrentando a pena de morte romana. Isso faz parte da história de mártires. Quando, por exemplo, a apóstola Tecla estava na arena para ser devorada pelos animais, mulheres da platéia, em solidariedade e compaixão, lançaram galhos e flores de nardo e outras plantas aromáticas sobre ela, em um claro gesto simbólico de unção para a morte de uma mártir. Veja *Atos de Paulo e Tecla*, em parte narrados em RICHTER REIMER, Ivoni. *O belo, as feras e o novo tempo*. São Paulo/Petrópolis, Cebi/Vozes, 2000, pp. 61-78.

renderia uns 300 denários. De fato, isso é muito dinheiro, dá para viver durante um ano. Mas fui eu que trabalhei muito para produzi-lo e eu decidi como usá-lo. E, no momento, era a melhor maneira de bem investi-lo e a única coisa significativa que eu podia fazer!

No recinto houve um momento de mal-estar. Jesus estava profundamente compenetrado na minha boa ação para com ele e entendeu seu significado. Era ele, nesse momento, que necessitava de boa ação, de gestos de solidariedade. Esbanjar com ele me deixou feliz. Esbanjar com ele significava colocá-lo no centro da minha vida. Desperdiçar com ele significava colocar, em primeiro lugar, o Reino de Deus e a sua justiça.

Jesus teve de sair do seu profundo "transe" por causa das murmurações que alguns discípulos faziam contra mim. A primeira coisa que fez foi defender-me, repreendendo-os. Ainda hoje ressoa em meus ouvidos a sua fala poderosa: "Deixai-a! Por que a molestais? Ela realizou uma boa obra em mim!". E continuou dizendo que os pobres sempre estariam conosco e poderiam ser ajudados em outras ocasiões. Mas ele, Jesus, nem sempre estaria assim em nosso meio. E então, Jesus passou a interpretar a minha boa ação para com ele: "Ela fez o que tinha a fazer: antecipou-se para ungir o *meu corpo* para a sepultura".

Nessa altura, o grupo que estava presente começou a entender a situação. Lembrou-se das palavras que Jesus já havia dito, anunciando sua paixão e morte. Em meio à tristeza que se ia anunciando, surpreendemo-nos com o que Jesus afirmou festiva e profeticamente, colocando-me, com ele, no centro da Boa-Nova: "Em verdade vos digo: onde for anunciado o Evangelho em todo o mundo, também será contado o que esta mulher fez, para memória dela!".

A surpresa, a saudade, a emoção misturadas com a tristeza nos envolviam. Compreendíamos que, nesse momento, Jesus estava comprometendo seu grupo de discípulos e discípulas, não só a pregarem o Evangelho, mas também a manterem viva a minha memória, por causa da boa ação que pratiquei para com ele. A unção para a sepultura faz parte da Boa-Nova. Nos olhos de alguns transpareciam compreensão e aceitação. Outros, porém, se mostravam enciumados e preteridos... Mas conseguimos nos abraçar, e, como de costume, oramos em conjunto, antes de nos despedirmos naquela noite com uma estranha sensação de que tudo já estava preparado...

## Partilha e comunhão em vez do acúmulo

As vivências cotidianas e especiais de mulheres, dentro do contexto em que viviam, perpassam os textos do Segundo Testamento. São transgressoras, quando e porque questionam e boicotam a lógica do sistema, colocando os novos paradigmas de partilha e comunhão em vez do acúmulo. Teologicamente, elas nos colocam o eixo temático da confiança total em Deus. Dessa confiança provêm suas ofertas de amor, que se expressam tanto em relação a Deus quanto em relação às pessoas: esbanjar em obras de amor. Como vimos, na lógica do mercado, tais mulheres são consideradas "más". Na lógica do Reino de Deus, que inverte os valores estabelecidos pelo sistema, são mulheres "boas" que confiam em Deus e o testemunham como *vida* de suas vidas.

Essas experiências exemplificam a Palavra de Jesus sobre a total confiança em Deus, que substitui a ansiedade, que liberta da necessidade de prender o coração em "tesouros do mercado" e que vai construindo modelos alternativos de vida digna: "Não andeis ansiosas e ansiosos [...] observai os lírios [...] buscai o Reino de Deus e a sua justiça e as coisas das quais necessitais vos serão acrescentadas [...] onde está o vosso tesouro, ali estará também o vosso coração" (Lc 12,22-34).

Veremos, a seguir, alguns textos e reflexões que abordam o imaginário religioso em relação à imagem de Deus. Tecemos tais reflexões, igualmente, com base no contexto dos textos em questão.

## Nova imagem de Deus segundo a espiritualidade feminista da libertação

Como vimos anteriormente, o Segundo Testamento assume e transmite de maneira prioritária uma imagem patriarcal de Deus. Isso tanto é realizado por Jesus, que em sua prática nada tem de patriarcal, quanto por Paulo e outros autores de textos. Há, porém, algumas narrativas que questionam essa imagem e nos permitem um acesso diferenciado à imagem de Deus. Convido para um estudo sobre Lc 15.

### *Buscar e encontrar pessoas perdidas e excluídas: um motivo para festa em comunidade!*

Lucas é evangelista e, como tal, um bom contador de histórias. Ele escreve no final do século I, cerca de sessenta anos depois da morte e da ressurreição de Jesus Cristo. Nesse tempo, já existiam várias comunidades cristãs que se reuniam principalmente em casa de famílias. Estavam espalhadas pela Judéia, Samaria, Ásia, Macedônia, Grécia, África e na atual Europa. Portanto, em Lucas, nós nos encontramos num processo de Igreja de segunda e terceira gerações. A Igreja se expandia também no mundo de cultura não-judaica, o que ocasionava alguns conflitos de ordem religiosa com a Igreja que tinha origem judaica. Era preciso (re)afirmar o amor de Deus indistintamente para todas as pessoas, em especial para aquelas que estavam afastadas da experiência misericordiosa que vem de Deus.

Lucas conhece muitas histórias e práticas de Jesus, a partir do que já estava escrito, por exemplo, no evangelho de Marcos. Além disso, ele tem material próprio, que reuniu com base em histórias que o povo de diversas comunidades cristãs ia relembrando. O povo contava, de geração em geração, aquilo que conhecia da história de Jesus Cristo (veja 1Cor 15,3). Seu testemunho fazia parte da educação na família, da catequese, dos cultos e celebrações comunitárias. E Lucas resolveu anotar tudo de forma organizada, para que essa herança não se perdesse. Ele escreveu a fim de que o amor encarnado de Deus, em Jesus Cristo, continuasse seguindo caminho e fosse concretizando-se na história. E nesse caminho percebe-se que no Reino de Deus não há distinção qualitativa de gênero, classe, raça ou idade. Há lugar para todas as pessoas, indistintamente, a começar pela vida das pessoas oprimidas e excluídas. Nesse sentido, Jesus convida todas as pessoas para participarem de tal processo de mútua aceitação, acolhida, amor e serviço. O caminho de Jesus nos revela a grande misericórdia de Deus.

É sobre essa misericórdia de Deus que Lucas vai relatar no capítulo 15 do seu evangelho. Aí encontramos três parábolas, entre elas duas muito conhecidas: da ovelha perdida/bom pastor, da dracma perdida e do filho pródigo/pai bondoso. Faz parte do estilo literário que as parábolas usem figuras do dia-a-dia das pessoas para falar do amor, da misericórdia e da alegria de Deus. Assim, dracmas e ovelhas eram muito conhecidas. As ovelhas constituíam um importante meio de sobrevivência familiar, no ambiente rural: eram criadas para alimentação, para venda e para se tecer roupas com sua lã. Uma dracma era uma moeda de muito pouco valor, e a história aponta para a situação de pobreza na casa de uma mulher. Ela precisava de todas as dez moedas para poder viver.

Essas histórias são parábolas porque querem comparar alguma coisa, que conhecemos na vida, com a ação de Deus. É importante perceber que a parábola da ovelha perdida é contada também em Mt 18,10-14. Já as parábolas da dracma perdida e do filho pródigo são narrativas próprias de Lucas. Isto é importante, porque nos fala de situações bem específicas das comunidades lucanas.

Entre as mais conhecidas parábolas encontram-se a da ovelha perdida e a do filho pródigo, porque elas fazem parte do ensino das Igrejas em suas mais diversas formas. O mesmo, porém, não acontece com a parábola da dracma perdida. Como já colocamos acima, as outras duas parábolas são conhecidas com dois nomes. Já a história da dracma perdida, não. Por que isso? Será que tem algo a ver com a imagem de Deus? Vejamos por partes.

Nas três parábolas há uma situação comum: algo ou alguém se perde. Central e ponto comum, nessas histórias, são o *céu fazendo festa*, quando o que estava perdido é encontrado, e a *misericórdia de Deus*. Mas notemos alguns detalhes: a ovelha é procurada e encontrada pelo homem pastor; a dracma é procurada e encontrada pela mulher dona-de-casa. Contudo, veja só: o pai não procura nem encontra o filho... É o filho que, arrependido, retorna à casa! O pai dá liberdade de escolha e decisão ao filho, apostando na sua análise de situação e consciência.

Como agem os *sujeitos* que procuram e esperam? O *homem pastor* deixa as 99 ovelhas para achar uma, carregando-a então sobre os ombros. A *mulher dona-de-casa* se põe a trabalhar, incansavelmente, para encontrar a moeda perdida: acende a lamparina, varre a casa e com cuidado procura por todos os cantos. O *pai/proprietário* espera ansiosamente pelo filho, visto que Lc 15,20 diz que ele viu o filho de longe, compadeceu-se dele e foi correndo ao seu encontro, com abraços e beijos. Cada sujeito age à sua maneira, mas cada qual conhece o valor que têm a sua ovelha, a sua moeda e o seu filho. Assim, quando lemos as parábolas lado a lado, o quadro da realidade e da ação de Deus fica diferenciado e ao mesmo tempo mais completo.

## Parábola da ovelha perdida

Em Lc 15,3-7, o homem pastor é uma exemplificação daquilo que os escribas entendem por "pecadores" (veja 15,2). Para eles, os pastores de ovelha são pecadores, porque sua profissão era considerada desonrosa. Além disso, é importante perceber que o "nosso" homem pastor não é rico nem pobre. Entre os judeus, considerava-se pobre quem tivesse cerca de 30 a 40 ovelhas, rico aquele que possuísse em torno de 300. Temos, portanto, um proprietário de rebanho de tamanho médio, do qual ele próprio cuida!

## A mulher e a dracma perdida

Em Lc 15,8-10, a mulher, dona-de-casa, praticamente aparece como um dos símbolos mais comuns para pessoas marginalizadas e discriminadas. Além de ser mulher, ela é pobre! Precisa de cada uma daquelas dez moedinhas para sobreviver. Em comparação com essa mulher, o pastor de ovelhas encontra-se bem situado economicamente.

## O pai misericordioso

Em Lucas 15,11-32, o filho mais velho compara-se aos fariseus e escribas. A parábola de Jesus indica que o amor de Deus está aí, para eles, assim como o amor do pai para com o filho mais velho: "O que é meu é teu". Por isso, convida-os a se alegrarem com os pecadores e publicanos, que acham o caminho para Deus. Esses dois grupos faziam parte das pessoas marginalizadas e excluídas, na época de Jesus (como também os pastores de ovelhas e as mulheres).

O que perpassa, portanto, as três parábolas é: a busca por pessoas excluídas, o fato de encontrá-las e a sua plena aceitação. É isso que deve ser motivo de alegria, de grande festa!

Essa é a vontade de Deus. É o que Jesus ensina aos fariseus, aos escribas e ao grupo de mulheres e homens que o segue.

É comum, nas práticas de ensino na Igreja, que a parábola da ovelha perdida e a do filho pródigo sejam entendidas de forma que, o pastor e o pai, reproduzam imagens de Deus. O mesmo, porém, não se faz com a mulher que aparece na parábola da dracma perdida. Contudo, observando atentamente as três parábolas, podemos afirmar que os três personagens se encontram paralelos nas parábolas de Lucas 15: são pessoas-chave na busca, no ato de achar, na festa. Portanto, se interpretarmos as parábolas no sentido de que elas também dizem algo sobre o agir e a imagem de Deus, então teremos de considerar que o pastor, a mulher e o pai apresentam, de forma igual, essa imagem. Isto implica reconhecer que Jesus, quando fala do agir de Deus, também se utiliza de experiências de mulheres. Deus não é apenas como aquele pastor de ovelhas, ou como aquele pai bondoso. É igualmente como aquela mulher dona-de-casa! Este é um enfoque pedagógico maravilhoso, porque Jesus, conforme Lucas, resgata também a atuação de mulheres como centrais, agindo elas mesmas como protagonistas. E além disso, sem discriminar, ele apresenta experiências de homens e mulheres como espaço de vida cotidiana significativa para falar do amor de Deus. Deus age como aquela mulher trabalhadora, aquele pastor de ovelhas, como aquele pai bondoso!

As parábolas destacam outro aspecto relevante na vida, que é a festa! Os três personagens protagonistas sabem fazer festa, quando recuperam aquilo que haviam perdido. É necessário aprender a recuperar essa imagem de Deus. Nosso Deus é Deus que se alegra e faz festa! Por que e quando? Exatamente como nas parábolas: quando uma pessoa que estava perdida é encontrada e, voltando, transforma o ambiente e o espaço do convívio social e comunitário! Não se trata de uma simples reintegração, mas de uma profunda e total transformação.

## Ampliando a imagem de Deus

Vimos que o Primeiro e o Segundo Testamento conhecem maneiras diferenciadas de falar de Deus. Em uma perspectiva de gênero, percebemos que no Segundo Testamento é comum ainda o traço sexuado de fazê-lo: Deus é apresentado como pai, pastor, dona-de-casa, dono de vinha etc. São vários os textos, porém, que nos mostram uma imagem de Deus que ultrapassa os limites biológicos ou antropomórficos (que tem forma de ser humano), expressando outra realidade dinâmica do poder divino, vinculado a elementos ecológicos.

Assim, no evangelho de João, Jesus se auto-apresenta com uma expressão típica, "Eu sou", para expressar a profunda identificação e identidade entre Jesus e Deus:

- "Eu sou o pão da vida" (Jo 6,48).
- "Eu sou a luz do mundo" (Jo 8,12; 9,5).
- "Eu sou a porta" (Jo 10,7.9).
- "Eu sou a ressurreição e a vida" (Jo 11,25).
- "Eu sou o caminho, a verdade e a vida" (Jo 14,6).
- "Eu sou a videira" (Jo 15,1).

São muitas, portanto, as imagens de Deus que podem e devem ser usadas, tanto na prática da espiritualidade pessoal quanto na comunitário-eclesial. Mulheres e meninas que tiveram experiências de maus-tratos por parte de pai, sentem-se assustadas com a identificação de Deus como pai. A própria Bíblia, no entanto, nos fornece outras formas e imagens, com as quais podemos identificar Deus. A Bíblia também nos dá liberdade de criarmos novas expressões e celebrações a partir de nossas experiências — sem negarmos os traços principais de Deus: ouvir o clamor de quem sofre, interferir nos mecanismos de opressão e exploração, solidarizar-se e libertar, amar, servir e festejar!

# Conclusão

Neste estudo sobre Teologia Bíblica Feminista pudemos conhecer e aprofundar alguns conteúdos e instrumentais de análise, utilizados no estudo de textos bíblicos, como o patriarcado e a categoria de gênero. Tivemos alguns eixos referenciais do Primeiro e Segundo Testamentos. E, como demonstração, foram elaborados estudos de alguns textos específicos.

Todo esse material objetiva que as leitoras e os leitores tenham acesso a diferentes meios de exame e que possam, de forma autônoma, exercitar-se nessa prática da espiritualidade, que é o estudo da Palavra. E, como mulheres e homens, sejam capazes de fazer uma leitura bíblica feminista, cujos objetivos são o de questionar estruturas, interpretações e experiências opressivas, buscando construir novos paradigmas e novas relações entre mulheres e homens, mulheres e mulheres, homens e homens, adultos e crianças, entre classes e etnias.

Além disso, uma leitura bíblica feminista estará comprometida também em fazer uma leitura holística e crítica da relação existente com o meio ambiente no qual vivemos. O ecofeminismo considera o conjunto da criação como composto de laços interdependentes: nosso corpo tem a ver com o corpo da terra; nossa saúde diz respeito à saúde de toda a criação. O cuidado — que pressupõe o amor — para com a criação é um dos grandes desafios e talvez a maior reivindicação do amor — também cristão — para os próximos tempos. Não é possível fazer uma releitura da imagem de Deus, redescobrindo a afirmação de Jesus: "Eu sou a água viva/água da vida", e não nos importarmos com o problema da água que está tornando-se motivo de guerra e de exploração econômica para os próximos tempos. Não é possível continuar afirmando que Jesus é o Pão da Vida, se não acirrarmos nossa luta contra mecanismos que geram fome...

Por fim, Teologia Bíblica Feminista tem a ver conosco, mexe conosco e nos motiva a participar da criação de novas relações entre nós e entre nós e toda a criação.

## Sugestão de trabalho

Você chegou ao final deste Curso sobre Teologia Bíblica Feminista. Obteve ou aprofundou muitas informações. Vivenciou abordagens e estudos bíblicos específicos, numa perspectiva feminista e histórico-social. Agora é hora de fazer seu estudo e produzir um texto. Escolha um dos três textos: Lc 10,38-42; 1Cor 11,1-16; Ef 5,21-6,9.

Para tal estudo, você deverá considerar: a época e o contexto da redação do texto; os principais motivos para a escrita do evangelho ou da carta. Elabore uma exegese do texto, utilizando a categoria de gênero como instrumental de análise e reconstrua o texto para nós, hoje.

Bom trabalho!!!

# Bibliografia

ARNS, Paulo Evaristo et al. *Mulheres da Bíblia.* São Paulo, Paulinas, 2004.

BRENNER, Athalia. *A mulher israelita.* São Paulo, Paulinas, 2001.

_____. *Cântico dos Cânticos*: a partir de uma leitura de gênero. São Paulo, Paulinas, 2000.

_____. *Rute*: a partir de uma leitura de gênero. Paulinas, São Paulo, 2002.

BRENNER, Athalia (Org.). *Ester, Judite e Susana*: a partir de uma leitura de gênero. São Paulo, Paulinas, 2003.

RUETHER, Rosemary Radford. *Mulheres curando a terra.* São Paulo, Paulinas, 2000.

SILVA, Aldina da. *Ester*: crônica de um genocídio anunciado. São Paulo, Paulinas, 2003.

_____. *Rute*: um evangelho para a mulher de hoje. São Paulo, Paulinas, 2002.

# Sumário

**APRESENTAÇÃO** ...................................................................5

**1. NOSSA VIDA, NOSSA BÍBLIA** ........................................9

Na Bíblia, o coro de muitas vozes .....................................9

A vida, o princípio e o referencial ...................................11

Hermenêutica feminista de libertação .............................12

As mulheres no movimento de Jesus
e nos cristianismos originários .......................................13

A vivência é transmissão da
Teologia Bíblica Feminista na comunicação ....................15

Por que Teologia Bíblica Feminista? ...............................16

Pensando conceitos básicos ............................................16

Algumas características básicas ........................................18

Hermenêuticas feministas ...............................................20

Um pouco de história .....................................................20

A semente germina, cresce e se espalha .........................24

Gênero como categoria de análise ..................................26

Elementos implicados na análise
das relações sociais e de gênero .....................................28

Relação de poder ............................................................31

Epistemologias opressoras e novas propostas .................32

Resumindo e colocando estacas
para alargar as tendas .....................................................34

## 2. EXPERIÊNCIAS DE MULHERES EM TEXTOS DO PRIMEIRO TESTAMENTO ... 37

Sociedade patriarcal ... 37
Protagonismos de mulheres ... 38
Mulheres no governo monárquico ... 39
Mulheres na profecia ... 40
Mulheres na Sabedoria ... 41
Mulheres na comunidade de fé ... 43
Mulheres nas periferias ... 45
Mulheres na família ... 45
Ideais de igualdade ... 47

## 3. LEIS E RELAÇÕES DE GÊNERO NO ÊXODO E DEUTERONÔMIO ... 49

Apontamentos sobre Ex 21,2-11 e Dt 15,12-18 ... 49
Problemas de fundo ... 49
Função dos códigos de leis ... 52
Leis diferentes para gêneros distintos (Ex 21,2-11) ... 53
A mulher escrava ... 56
O poder do credor sobre a mulher escrava ... 59
Direitos iguais para homens e mulheres (Dt 15,12-18) ... 60
A liberdade no sétimo ano ... 62
Para continuar refletindo... ... 64
Sugestão de atividade ... 65

## 4. EXPERIÊNCIAS DE MULHERES NO SEGUNDO TESTAMENTO ... 67

Maria, a expressão máxima da teofania ... 67
Olhando para o contexto sociopolítico: dominação patriarcal romana ... 69
O patriarcado judeu ... 70
Definição do patriarcado em Cícero ... 72
A família como célula-base da sociedade patriarcal ... 74

Valores centrais: honra e vergonha ........................................ 75

Liberdade e igualdade entre as pessoas? Nunca! ............... 77

Participação das mulheres e escravos na vida política ........ 78

Diferença "natural" e concepção patriarcal de justiça ........ 79

Experiências igualitárias e hierarquização
da vivência eclesial no Segundo Testamento ...................... 81

## 5. ANÁLISE DE TEXTOS DO SEGUNDO TESTAMENTO NA ÓPTICA E EXEGESE FEMINISTA ... 85

Maria, a mãe de Jesus, nos evangelhos canônicos .............. 86

Maria em alguns escritos apócrifos ..................................... 89

Maria nos dogmas marianos ................................................. 93

Maria, Mãe de Deus e divindades femininas ...................... 95

Na atuação das mulheres, a resistência
e a transgressão à lógica do mercado .................................. 98

Nova imagem de Deus segundo a
espiritualidade feminista da libertação ............................. 121

## CONCLUSÃO ......................................................................... 127

Sugestão de trabalho .......................................................... 128

## BIBLIOGRAFIA .................................................................... 129

## Cadastre-se no site

**www.paulinas.org.br**

Para receber informações
sobre nossas novidades
na sua área de interesse:

- Adolescentes e Jovens • Bíblia • Biografias • Catequese
- Ciências da religião • Comunicação • Espiritualidade
- Educação • Ética • Família • História da Igreja e Liturgia
- Mariologia • Mensagens • Psicologia
- Recursos Pedagógicos • Sociologia e Teologia.

**Telemarketing 0800 7010081**

Impresso na gráfica da
Pia Sociedade Filhas de São Paulo
Via Raposo Tavares, km 19,145
05577-300 - São Paulo, SP - Brasil - 2005